Nordische Weihnacht

Nordische Weihnacht

ERZÄHLUNGEN

ARCHE

Herausgegeben von Sven Danielsson
Umschlag: Bruegel, Anbetung der Könige
(National Gallery, London)

Druck: Clausen & Bosse, Leck
Printed in Germany
ISBN 3-7160-3003-1

Inhalt

Hans Christian Andersen

DER TANNENBAUM

Draußen im Walde stand ein sehr niedlicher Tannenbaum; er hatte einen guten Platz; Sonne konnte er bekommen, Luft war zur Genüge da, und ringsum wuchsen viele größere Kameraden, sowohl Tannen als auch Fichten; aber der kleine Tannenbaum war so erpicht darauf, zu wachsen, daß er nicht an die warme Sonne und die frische Luft dachte. Er kümmerte sich auch nicht um die Bauernkinder, die plaudernd vorbeigingen, wenn sie draußen waren, um Erdbeeren oder Himbeeren zu pflücken; oft kamen sie mit einem ganzen Topf voll, oder sie hatten die Erdbeeren auf einen Strohhalm gespießt; dann setzten sie sich neben das Tannenbäumchen und sagten: «Oh, wie niedlich klein er ist!» Das hörte der Baum gar nicht gern.

Das Jahr darauf war er um einen langen Sproß größer, und im nächsten Jahr hatte er einen noch viel längeren; denn bei den Tannen erkennt man immer an den Ansätzen, wie viele Jahre sie gewachsen sind.

«Ach, wäre ich doch ein so großer Baum wie die andern!» sagte das Bäumchen. «Dann könnte ich meine Zweige weitherum ausbreiten und mit dem Wipfel in die weite Welt hinaussehen! Die Vögel würden in meinen Zweigen Nester bauen, und wenn der Wind weht, könnte ich so vornehm nicken wie die andern dort.»

Es freute sich gar nicht am Sonnenschein, auch nicht an den Vögeln und den roten Wolken, die morgens und abends über es dahinsegelten.

Wenn es dann Winter war und ringsum funkelnd weißer Schnee lag, kam oft ein Hase gesprungen und setzte einfach über das Bäumchen weg — oh, wie es sich da ärgerte! Aber zwei Winter vergingen, und im dritten war der Baum so groß, daß der Hase um ihn herumlaufen mußte. Ach, wachsen, wachsen, groß und alt werden, das war doch das einzig Schöne auf dieser Welt, dachte der Baum.

Im Herbst kamen immer die Holzfäller und fällten einige der größten Bäume; das geschah jedes Jahr, und die junge Tanne, die nun recht gut gewachsen war, zitterte dabei, denn die großen, prächtigen Bäume fielen krachend und prasselnd zu Boden; die Zweige, die abgehackt wurden, sahen ganz nackt, lang und schmal aus, sie waren kaum wiederzuerkennen; doch dann wurden sie auf einen Wagen gelegt, und Pferde zogen sie aus dem Wald.

Wohin sollten sie? Was stand ihnen bevor?

Als im Frühling die Schwalben und Störche kamen, fragte der Baum sie: «Wißt ihr nicht, wohin sie geschafft worden sind? Seid ihr ihnen nicht begegnet?»

Die Schwalben wußten nichts, aber der Storch sah

nachdenklich aus, nickte und antwortete: «Ja, ich glaube! Als ich von Ägypten herflog, begegnete ich vielen Schiffen, und die Schiffe hatten prächtige Mastbäume. Ich würde sagen, daß sie es waren, sie rochen nach Tannenholz. Ich kann vielmals grüßen, sie ragen hoch, sie ragen hoch!»

«Ach, wäre ich doch auch groß genug, um übers Meer zu fliegen! Wie ist es eigentlich, dieses Meer, und wie sieht es aus?»

«Ja, das ist schwer zu erklären», sagte der Storch, und damit ging er.

«Freue dich deiner Jugend!» sagten die Sonnenstrahlen. «Freue dich deines frischen Wachstums, des jungen Lebens, das in dir ist!»

Und der Wind küßte die Tanne, und der Tau weinte Tränen über sie, aber das verstand sie nicht.

Wenn es auf Weihnachten zuging, wurden ganz junge Bäume gefällt, Bäume, die oft nicht einmal so groß oder im gleichen Alter wie dieser Tannenbaum waren, der weder Rast noch Ruh hatte, sondern immer fort wollte; diese jungen Bäume, just die allerschönsten, behielten stets alle ihre Zweige, doch auch sie wurden auf einen Wagen gelegt und von Pferden aus dem Walde geschafft.

«Wohin sollen sie?» fragte die Tanne. «Sie sind nicht größer als ich; einer war sogar dabei, der viel kleiner war. Warum behalten sie alle ihre Zweige? Wohin fahren sie?»

«Das wissen wir, das wissen wir!» zwitscherten die Sperlinge. «Wir haben unten in der Stadt durch die Fenster geguckt. Oh, sie kommen zu größtem Glanz und höchster Herrlichkeit, die man sich vorstellen kann! Wir haben zu den Fenstern hineingeschaut und gesehen, daß sie mitten im warmen Zimmer aufgestellt und mit den schönsten Sachen geschmückt werden, mit vergoldeten Äpfeln, Honigkuchen, Spielzeug und vielen, vielen Lichtern.»

«Und dann?» fragte die Tanne, und alle ihre Zweige bebten. «Und dann? Was geschieht dann?»

«Mehr haben wir nicht gesehen. Es war unvergleichlich!»

«Ob es mir wohl bestimmt ist, diesen glanzvollen Weg zu gehen?» jubelte der Tannenbaum. «Das ist noch besser, als übers Meer zu ziehen! Wie leide ich vor Sehnsucht! Wäre es doch Weihnachten! Jetzt bin ich hoch und breit wie die andern, die voriges Jahr weggeführt wurden. Ach, wäre ich schon auf dem Wagen! Wäre ich doch in dem warmen Zimmer mit all dem Glanz und der Herrlichkeit! Und dann...? Ja, dann kommt etwas noch Besseres, noch Schöneres — wozu sollte man mich sonst so schmücken? Es muß etwas noch Größeres, noch Herrlicheres kommen! Aber was? Ach, ich leide! Ich sehne mich! Ich weiß selbst nicht, wie mir ist.»

«Freue dich an mir!» sagten die Luft und der Sonnenschein. «Freue dich an deiner frischen Jugend draußen im Freien!»

Aber er war gar nicht froh; er wuchs und wuchs, winters und sommers stand er grün, dunkelgrün stand er, und die Leute, die ihn sahen, sagten: «Das ist ein schöner Baum!» Und zur Weihnachtszeit wurde er als erster von allen gefällt. Die Axt hieb tief durchs Mark, der Baum fiel mit einem Seufzer zu Boden, er fühlte einen Schmerz, eine Ohnmacht, er konnte gar nicht an irgendein Glück den-

ken, es betrübte ihn, von der Heimat scheiden zu müssen, von dem Fleck, aus dem er emporgewachsen war; er wußte ja, daß er die lieben alten Kameraden nie mehr sehen würde, die kleinen Sträucher und Blumen rings um ihn, ja vielleicht nicht einmal die Vögel. Das Fortgehen war gar nicht angenehm.

Der Baum kam erst wieder zu sich, als er im Hof mit den andern Tannen abgeladen worden war und einen Mann sagen hörte: «Dieser ist prächtig! Wir brauchen nur diesen hier.»

Nun kamen zwei Diener in vollem Staat und trugen den Tannenbaum in einen großen, schönen Saal. Ringsum an den Wänden hingen Bildnisse, und neben dem mächtigen Kachelofen standen große chinesische Vasen mit Löwen auf dem Deckel. Da gab es Schaukelstühle, Seidensofas, große Tische voller Bilderbücher und Spielzeug für hundertmal hundert Taler — wenigstens sagten das die Kinder. Und der Tannenbaum wurde in einen großen, mit Sand gefüllten Kübel gestellt, aber niemand konnte sehen, daß es ein Kübel war, denn man behängte ihn mit grünem Stoff, und er stand auf einem bunten Teppich. Oh, wie der Baum zitterte! Was würde wohl geschehen? Diener und Zofen liefen umher und schmückten ihn. An seine Zweige hängten sie kleine, aus buntem Papier ausgeschnittene Netze; jedes Netz war mit Zuckerwerk gefüllt. Vergoldete Äpfel und Walnüsse hingen herab, als ob sie festgewachsen wären, und über hundert rote, blaue und weiße Lichte wurden an den Zweigen festgesteckt. Puppen, die wie leibhaftige Menschen aussahen — so etwas hatte der Baum noch nie gesehen —, schwebten im Grün, und zuoberst an der Spitze wurde ein großer Stern aus Flittergold befestigt; das war prächtig, ganz unvergleichlich prächtig.

«Heute abend», sagten alle, «heute abend wird er strahlen.»

Ach, wäre es doch schon Abend! dachte der Baum. Würden doch die Lichte bald angezündet! Und was mag dann geschehen? Ob die Bäume aus dem Wald kommen und mich sehen werden? Ob die Sperlinge zu den Fenstern fliegen? Ob ich hier festwachse und winters und sommers geschmückt stehen werde?

Ja, er wußte gut Bescheid; er hatte richtig Rindenschmerzen vor Sehnsucht, und Rindenschmerzen sind für einen Baum ebenso schlimm wie Kopfschmerzen für uns andere.

Nun wurden die Lichte angezündet. Welcher Glanz, welche Pracht! Der Baum erbebte davon in allen Zweigen, so daß eine der Kerzen das Grün anbrannte; es tat recht weh.

«Gott schütze uns!» schrien die Damen und löschten das Feuer schnell.

Jetzt durfte der Baum nicht einmal zittern. Oh, das war ein Schreck! Er befürchtete sehr, etwas von seinem Schmuck zu verlieren; er war ganz betäubt von all dem Glanz... und jetzt gingen beide Flügeltüren auf, und eine Kinderschar stürzte herein, als wollte sie den Baum umwerfen; die Älteren folgten bedächtig; die Kleinen standen stumm... aber nur einen Augenblick, dann jubelten sie wieder, daß es nur so schallte; sie umtanzten den Baum, und ein Geschenk nach dem andern wurde abgepflückt.

Was machen sie nur? dachte der Baum. Was wird nun geschehen? Und die Lichte brannten auf die Zweige herunter, und als sie ganz heruntergebrannt waren, wurden sie gelöscht, und dann durften die Kinder den Baum plündern. Oh, sie stürmten auf ihn los, so daß es in allen Zweigen knackte; hätte man ihn nicht mit der Spitze und dem Goldstern an der Decke befestigt, so wäre er umgestürzt.

Die Kinder tanzten mit ihren prächtigen Spielsachen herum, niemand beachtete den Baum außer der alten Kinderfrau, die zwischen die Zweige spähte, aber nur, um zu sehen, ob nicht vielleicht eine Feige oder ein Apfel vergessen worden wäre.

«Eine Geschichte, eine Geschichte!» riefen die Kinder und zogen einen dicken, kleinen Mann zum Baum. Er ließ sich darunter nieder und sagte: «So sind wir im Grünen, und dem Baum wird es besonders guttun, wenn er zuhören kann. Aber ich erzähle nur eine Geschichte. Wollt ihr die von Iwede-Awede hören oder die von Klumpe-Dumpe, der die Treppe hinunterfiel und doch zu höchsten Ehren kam und die Prinzessin kriegte?»

«Iwede-Awede!» schrien einige. «Klumpe-Dumpe!» schrien andere; das war ein Rufen und Schreien, nur der Tannenbaum verhielt sich ganz still und dachte: Soll ich denn nichts, gar nichts zu tun haben? Er war ja dabei gewesen, hatte getan, was er tun sollte.

Und der Mann erzählte von Klumpe-Dumpe, der die Treppe hinunterfiel und doch zu höchsten Ehren kam und die Prinzessin kriegte. Die Kinder klatschten in die Hände und riefen: «Erzähle, erzähle!» Sie wollten auch «Iwede-Awede» haben, aber es wurde ihnen nur «Klumpe-Dumpe» erzählt. Der Tannenbaum stand ganz still und nachdenklich; nie hatten die Vögel im Walde so etwas erzählt. Klumpe-Dumpe fiel vom Baum und kriegte doch die Prinzessin! Ja, ja, so geht es in der Welt zu, dachte der Tannenbaum, der die Geschichte für wahr hielt, weil ein so netter Mann sie erzählte. Ja, ja, wer weiß, vielleicht falle auch ich die Treppe hinunter und kriege eine Prinzessin. Und er freute sich darauf, am nächsten Tage mit Lichten und Spielzeug, Gold und Früchten geschmückt zu werden.

Morgen will ich nicht zittern, dachte er. Ich will meine Herrlichkeit so recht genießen. Morgen werde ich wieder die Geschichte von Klumpe-Dumpe hören und vielleicht auch die von Iwede-Awede. Und der Baum stand die ganze Nacht still und nachdenklich.

Am Morgen kamen der Knecht und die Magd herein.

Nun beginnt der Staat aufs neue! dachte der Baum. Aber sie schleppten ihn aus dem Zimmer, die Treppe hinauf und auf den Dachboden, und hier stellten sie ihn in einen dunklen Winkel, wo kein Tageslicht hindrang. Was bedeutet das? dachte der Baum. Was soll ich hier tun? Was bekomme ich hier wohl zu hören? Er lehnte sich an die Wand und dachte nach und dachte nach. Und Zeit hatte er zur Genüge, denn es vergingen Tage und Nächte; niemand kam herauf, und als endlich jemand kam, da wurden nur ein paar große Kisten in den Winkel gestellt; der Baum stand ganz versteckt, man konnte meinen, er wäre vergessen worden.

Jetzt ist es draußen Winter, dachte der Baum. Die Erde ist hart und mit Schnee bedeckt, die Menschen können mich nicht einpflanzen; darum werde ich wohl bis zum

Frühjahr hier geschützt stehen. Wie rücksichtsvoll das ist! Wie gut sind doch die Menschen! Wenn es hier nur nicht so dunkel und so schrecklich einsam wäre! Nicht einmal ein Häschen! Es war so lustig draußen im Walde, wenn der Schnee lag und der Hase vorbeisprang, ja, sogar als er über mich wegsprang, aber damals mochte ich das nicht. Hier oben ist es so schrecklich einsam!

«Piep, piep», sagte da ein Mäuschen und huschte hervor, und dann kam noch eine kleine Maus. Sie schnupperten an der Tanne und schlüpften zwischen ihre Zweige.

«Es ist eine grässliche Kälte», sagten die Mäuschen. «Sonst ist es hier gut sein. Nicht wahr, du alter Tannenbaum?»

«Ich bin gar nicht alt», erwiderte der Tannenbaum. «Es gibt viele, die weitaus älter sind als ich!»

«Woher kommst du?» fragten die Mäuse. «Und was weißt du?» Sie waren so neugierig. «Erzähl uns doch vom schönsten Ort auf Erden! Warst du dort? Warst du in der Speisekammer, wo Käse auf den Borden liegt und Schinken an der Decke hängt, wo man auf Talgkerzen tanzt und mager hineingeht und fett herauskommt!»

«Den Ort kenne ich nicht», sagte der Baum. «Aber ich kenne den Wald, wo die Sonne scheint und die Vögel singen.» Und dann erzählte er alles aus seiner Jugend, und die Mäuschen, die so etwas noch nie vernommen hatten, hörten gut zu und sagten: «Nein, wieviel du gesehen hast! Wie glücklich du warst!»

«Ich?» antwortete der Tannenbaum und überlegte, was er selbst erzählt hatte. «Ja, das waren im Grunde recht lustige Zeiten.» Dann aber erzählte er vom Weihnachtsabend, wo er mit Süßigkeiten und Lichten geschmückt worden war.

«Oh!» sagten die Mäuschen. «Wie glücklich du warst, du alter Tannenbaum!»

«Ich bin gar nicht alt», erwiderte der Baum. «Ich bin ja diesen Winter aus dem Wald gekommen! Ich bin im allerbesten Alter, nur im Wachstum zurückgeblieben.»

«Wie schön du erzählst», sagten die Mäuschen, und in der folgenden Nacht kamen sie mit vier anderen kleinen Mäusen, die den Baum erzählen hören sollten, und je mehr er erzählte, desto deutlicher erinnerte er sich an alles und meinte: «Es waren doch recht fröhliche Zeiten. Aber sie können wiederkommen, sie können wiederkommen! Klumpe-Dumpe fiel die Treppe hinunter und kriegte trotzdem die Prinzessin, vielleicht kann ich auch eine Prinzessin kriegen.» Und dann dachte der Tannenbaum an eine niedliche kleine Birke, die draußen im Walde wuchs; sie war für den Tannenbaum eine wirklich schöne Prinzessin.

«Wer ist Klumpe-Dumpe?» fragten die Mäuschen.

Da erzählte der Tannenbaum das ganze Märchen; er entsann sich jedes einzelnen Wortes, und die kleinen Mäuse waren nahe daran, vor lauter Vergnügen bis zur Baumspitze zu springen. In der nächsten Nacht kamen noch viel mehr Mäuse und am Sonntag sogar zwei Ratten; aber sie sagten, die Geschichte sei nicht lustig, und das betrübte die kleinen Mäuse, denn nun hielten sie auch weniger davon.

«Kennen Sie nur die eine Geschichte?» fragten die Ratten.

«Nur die eine», antwortete der Baum. «Ich hörte sie an meinem glücklichsten Abend, aber damals wußte ich nicht, wie glücklich ich war.»

«Das ist eine ganz schlechte Geschichte. Kennen Sie keine von Speck und Talglicht? Keine Speisekammer-Geschichte?»

«Nein», sagte der Baum.

«Na, dann bedanken wir uns!» antworteten die Ratten und gingen heim.

Die Mäuschen blieben schließlich auch fort, und da seufzte der Baum: «Es war doch recht nett, als sie um mich herum saßen, die lebhaften Mäuschen, und mir zuhörten. Jetzt ist auch das vorbei! Aber ich werde daran denken, mich zu freuen, wenn ich hervorgeholt werde.»

Wann aber geschah das? Ja, eines Morgens kamen Leute und rumorten auf dem Dachboden. Die Kisten wurden weggerückt, der Baum wurde hervorgezogen; sie warfen ihn freilich ziemlich hart auf die Dielen, doch ein Knecht schleppte ihn sogleich zur Treppe, wo das Tageslicht schien.

Jetzt beginnt das Leben von neuem! dachte der Baum. Er fühlte die frische Luft, den ersten Sonnenstrahl — und dann war er draußen im Hof. Alles ging so schnell, daß der Baum ganz vergaß, sich selbst zu betrachten, und es gab ja ringsum so viel zu sehen. Der Hof grenzte an einen Garten, und dort blühte alles; die Rosen hingen so frisch und duftend über den Zaun, die Linden blühten, und die Schwalben flogen umher und sagten: «Ziwitwit, mein Mann ist gekommen!» Aber sie meinten nicht den Tannenbaum.

«Nun werde ich leben!» jubelte er und breitete seine Zweige weit aus. Ach, sie waren alle dürr und gelb, und er lag im Winkel zwischen Unkraut und Nesseln. Der Goldpapierstern saß noch oben an der Spitze und glänzte im hellen Sonnenschein.

Im Hof spielten ein paar der lustigen Kinder, die am Weihnachtsabend den Baum umtanzt und sich so sehr über ihn gefreut hatten. Eines der kleinsten lief zu ihm und riß den Goldstern ab.

«Schaut, was da noch an dem hässlichen, alten Tannenbaum sitzt!» rief es und trampelte auf den Zweigen herum, so daß sie unter seinen Stiefeln knackten.

Und der Baum betrachtete alle die Blumenpracht und Frische im Garten, er betrachtete sich selbst, und er wünschte, er wäre in seinem dunklen Winkel auf dem Dachboden geblieben; er dachte an seine frische Jugend im Walde, an den fröhlichen Weihnachtsabend und an die kleinen Mäuse, die so gern die Geschichte von Klumpe-Dumpe gehört hatten.

«Vorbei, vorbei!» sagte der arme Baum. «Hätte ich mich doch gefreut, als ich es konnte! Vorbei, vorbei!»

Und der Knecht kam und hieb den Baum in kleine Stücke, ein ganzes Bündel lag da; hell flackerte es auf unter dem großen Braukessel; und es seufzte so tief, jeder Seufzer war ein kleiner Schuß; darum liefen die spielenden Kinder herbei, setzten sich vor das Feuer, sahen zu und riefen: «Piffpaff!» Aber bei jedem Knall, der ein tiefer Seufzer war, dachte der Baum an einen Sommertag im Walde, an eine Winternacht dort draußen, wenn die Sterne funkelten; er dachte an den Weihnachtsabend und an

Klumpe-Dumpe, das einzige Märchen, das er gehört hatte und erzählen konnte — und dann war der Baum verbrannt.

Die Knaben spielten im Hof, und der kleinste hatte auf der Brust den Goldstern, den der Baum an seinem glücklichen Abend getragen hatte; nun war es aus, mit dem Baum war es aus und auch mit der Geschichte; aus, aus, so geht es mit allen Geschichten.

Selma Lagerlöf

DIE FLUCHT NACH ÄGYPTEN

Fern in einer der Wüsten des Morgenlandes wuchs vor vielen, vielen Jahren eine Palme, die ungeheuer alt und ungeheuer hoch war. Alle, die durch die Wüste zogen, mußten stehenbleiben und sie betrachten; denn sie war viel größer als andere Palmen, und man pflegte von ihr zu sagen, daß sie sicherlich höher werden würde als Obelisken und Pyramiden.

Wie nun diese große Palme in ihrer Einsamkeit dastand und hinaus über die Wüste schaute, sah sie eines Tages etwas, was sie dazu brachte, ihre gewaltige Blätterkrone vor Staunen auf dem schmalen Stamme hin- und herzuwiegen. Dort am Wüstenrande kamen zwei einsame Menschen herangewandert. Sie waren noch in der Entfernung, in der Kamele so klein wie Ameisen erscheinen; aber es waren sicherlich zwei Menschen. Zwei, die Fremdlinge in der Wüste waren; denn die Palme kannte das Wüstenvolk; ein Mann und ein Weib, die weder Wegweiser noch Lasttiere hatten, weder Zelte noch Wassersäcke.

«Wahrlich», sagte die Palme zu sich selbst, «diese beiden sind hergekommen, um zu sterben.»

Die Palme warf rasche Blicke um sich.

«Es wundert mich», fuhr sie fort, «daß die Löwen nicht schon zur Stelle sind, um diese Beute zu erjagen. Aber ich sehe keinen einzigen in Bewegung. Auch keinen Räuber der Wüste sehe ich. Aber sie kommen wohl noch.»

«Ihrer harret ein siebenfältiger Tod», dachte die Palme weiter. «Die Löwen werden sie verschlingen, die Schlangen sie beißen, der Durst sie vertrocknen, der Sandsturm sie begraben, die Räuber werden sie fällen, der Sonnenstich wird sie verbrennen, die Furcht sie vernichten.»

Und sie versuchte, an etwas anderes zu denken. Dieser Menschen Schicksal stimmte sie wehmütig.

Aber im ganzen Umkreis der Wüste, die unter der Palme ausgebreitet lag, fand sie nichts, das sie nicht schon seit Tausenden von Jahren gekannt und betrachtet hätte.

Nichts konnte ihre Aufmerksamkeit fesseln. Sie mußte wieder an die beiden Wanderer denken.

«Bei der Dürre und dem Sturme!» sagte sie, des Lebens gefährlichste Feinde anrufend, «was ist es, was dieses Weib da auf dem Arme trägt? Ich glaube gar, diese Toren führen auch ein kleines Kind mit sich.»

Die Palme, die weitsichtig war, wie es die Alten zu sein pflegen, sah wirklich richtig. Die Frau trug auf dem Arme ein Kind, das den Kopf an ihre Schulter gelehnt hatte und schlief.

«Das Kind ist nicht einmal hinlänglich bekleidet», fuhr die Palme fort. «Ich sehe, daß die Mutter ihren Rock aufgehoben und es damit eingehüllt hat. Sie hat es in großer Hast aus seinem Bette gerissen und ist mit ihm fortgestürzt. Jetzt verstehe ich alles: Diese Menschen sind Flüchtlinge —»

«Aber dennoch sind sie Toren», fuhr die Palme fort. «Wenn nicht ein Engel sie beschützt, hätten sie lieber die Feinde ihr Schlimmstes tun lassen sollen, statt sich hinaus in die Wüste zu begeben.»

«Ich kann mir denken, wie alles zugegangen ist. Der Mann stand bei der Arbeit, das Kind schlief in der Wiege, die Frau war ausgegangen, um Wasser zu holen. Als sie zwei Schritte vor die Türe gemacht hatte, sah sie die Feinde angestürmt kommen. Sie ist zurückgestürzt, sie hat das Kind an sich gerissen, dem Manne zugerufen, er solle ihr folgen, und ist aufgebrochen. Dann sind sie tagelang auf der Flucht gewesen, sie haben ganz gewiß keinen Augenblick geruht. Ja, so ist es zugegangen; aber ich sage dennoch, wenn nicht ein Engel sie beschützt — — — »

«Sie sind so erschrocken, daß sie weder Müdigkeit noch andere Leiden fühlen können; aber ich sehe, wie der Durst aus ihren Augen leuchtet. Ich kenne doch wohl das Gesicht eines dürstenden Menschen.»

Und als die Palme an den Durst dachte, ging ein krampfhaftes Zucken durch ihren langen Stamm, und die zahllosen Spitzen ihrer langen Blätter rollten sich zusammen, als würden sie über ein Feuer gehalten.

«Wär ich ein Mensch», sagte sie, «ich würde mich nie in die Wüste hinaus wagen. Der ist gar mutig, der sich hierher wagt, ohne Wurzeln zu haben, die hinunter zu den niemals versiegenden Wasseradern dringen. Hier kann es gefährlich sein, selbst für Palmen. Selbst für eine solche Palme wie mich.»

«Wenn ich ihnen raten könnte, ich würde sie bitten, umzukehren. Ihre Feinde können niemals so grausam gegen sie sein wie die Wüste. Vielleicht glauben sie, daß es leicht sei, in der Wüste zu leben. Aber ich weiß, daß es selbst mir zuweilen schwergefallen ist, am Leben zu bleiben. Ich weiß noch, wie einmal in meiner Jugend ein Sturmwind einen ganzen Berg von Sand über mich schüttete. Ich war nahe daran, zu ersticken. Wenn ich hätte sterben können, wäre dies meine letzte Stunde gewesen.» Die Palme fuhr fort, laut zu denken, wie alte Einsiedler zu tun pflegen.

«Ich höre ein wunderbar melodisches Rauschen durch meine Krone eilen», sagte sie. «Die Spitzen aller meiner Blätter müssen in Schwingungen beben. Ich weiß nicht, was mich beim Anblick dieser armen Fremdlinge durchfährt. Aber dieses betrübte Weib ist schön. Sie bringt mir das Wunderbarste, das ich erlebt, wieder in Erinnerung.» Und während die Blätter fortfuhren, sich in einer rauschenden Melodie zu regen, dachte die Palme daran, wie einmal, vor sehr langer Zeit, zwei strahlende Menschen Gäste der Oase gewesen waren. Es war die Königin von Saba, die hierher gekommen war, mit ihr der weise Salomo. Die schöne Königin wollte wieder heimkehren in ihr Land, der König hatte sie ein Stück Weges geleitet, und nun wollten sie sich trennen. — «Zur Erinnerung an diese Stunde», sagte da die Königin, «pflanze ich einen Dattelkern in die Erde, und ich will, daß daraus eine Palme werde, die wachsen und leben soll, bis im Lande Juda ein König ersteht, der größer ist als Salomo.» Und als sie dieses gesagt hatte, senkte sie den Kern in die Erde, und ihre Tränen netzten ihn.

«Woher mag es kommen, daß ich just heute daran denke?» fragte die Palme. «Sollte diese Frau so schön sein, daß sie mich an die herrlichste der Königinnen erinnert, an sie, auf deren Wort ich erwachsen bin und gelebt habe bis zum heutigen Tage?»

«Ich höre meine Blätter immer stärker rauschen», sagte die Palme, «und es klingt wehmütig wie ein Totengesang. Es ist, als weissagten sie, daß jemand bald aus dem Leben scheiden müsse. Es ist gut zu wissen, daß es nicht mir gilt, da ich nicht sterben kann.»

Die Palme nahm an, daß das Todesrauschen in ihren Blättern den beiden einsamen Wanderern gelten müsse. Sicherlich glaubten auch diese selbst, daß ihre letzte Stunde nahe. Man sah es an dem Ausdruck ihrer Züge, als sie an einem der Kamelskelette vorüberwanderten, die den Weg umgrenzten. Man sah es an den Blicken, die sie ein paar vorbeifliegenden Geiern nachsandten. Es konnte ja nicht anders sein. Sie waren verloren.

Sie hatten die Palme und die Oase erblickt und eilten nun darauf zu, um Wasser zu finden. Aber als sie endlich herankamen, sanken sie in Verzweiflung zusammen, denn die Quelle war ausgetrocknet. Das ermattete Weib legte das Kind nieder und setzte sich weinend an den Rand der Quelle. Der Mann warf sich neben ihr hin; er hämmerte mit beiden Fäusten auf die Erde. Die Palme hörte, wie sie miteinander davon sprachen, daß sie sterben müßten.

Sie hörte auch aus ihren Reden, daß König Herodes alle Kindlein im Alter von zwei und drei Jahren hatte töten lassen, aus Furcht, daß der große, erwartete König der Juden geboren sein könnte.

«Es rauscht immer mächtiger in meinen Blättern», dachte die Palme. «Diesen armen Flüchtlingen schlägt bald ihr letztes Stündlein.»

Sie vernahm auch, daß die beiden die Wüste fürchteten. Der Mann sagte, es wäre besser gewesen, zu bleiben und mit den Kriegsknechten zu kämpfen, statt zu fliehen. Sie hätten so einen leichteren Tod gefunden.

«Gott wird uns beistehen», sagte die Frau.

«Wir sind einsam unter Raubtieren und Schlangen», sagte der Mann. «Wir haben nicht Speise und Trank. Wie sollte Gott uns beistehen können?»

Er zerriß seine Kleider vor Verzweiflung und drückte sein Gesicht auf den Boden. Er war hoffnungslos, wie ein Mann mit einer Todeswunde im Herzen.

Die Frau saß aufrecht, die Hände über den Knien gefaltet. Doch die Blicke, die sie über die Wüste warf, sprachen von einer Trostlosigkeit ohne Grenzen.

Die Palme hörte, wie das wehmütige Rauschen in ihren Blättern immer stärker wurde. Die Frau mußte es auch gehört haben; denn sie hob die Augen zur Baumkrone auf. Zugleich erhob sie unwillkürlich ihre Arme und Hände.

«O, Datteln, Datteln!» rief sie.

Es lag so große Sehnsucht in der Stimme, daß die alte Palme wünschte, sie wäre nicht höher als der Ginsterbusch und ihre Datteln so leicht erreichbar wie die Hagebutten des Dornenstrauchs. Sie wußte wohl, daß ihre Krone voll von Dattelbüscheln hing; aber wie sollten wohl Menschen zu so schwindelnder Höhe hinaufreichen? Der

Mann hatte schon gesehen, wie unerreichbar hoch die Datteln hingen. Er hob nicht einmal den Kopf. Er bat nur die Frau, sich nicht nach Unmöglichem zu sehnen.

Aber das Kind, das für sich selbst umhergetrippelt war und mit Hälmchen und Gräsern gespielt hatte, hatte den Ausruf der Mutter gehört.

Der Kleine konnte sich wohl nicht denken, daß seine Mutter nicht alles bekommen könnte, was sie sich wünschte. Sowie man von Datteln sprach, begann er den Baum anzugucken. Er sann und grübelte, wie er die Datteln herunterbekommen sollte. Seine Stirn legte sich beinah in Falten unter dem hellen Gelock. Endlich huschte ein Lächeln über sein Antlitz. Er hatte das Mittel herausgefunden. Er ging auf die Palme zu und streichelte sie mit seiner kleinen Hand und sagte mit einer süßen Kinderstimme:

«Palme, beuge dich! Palme, beuge dich!»

Aber, was war das nur? Was war das? Die Palmenblätter rauschten, als wäre ein Orkan durch sie gefahren, und den langen Palmenstamm hinauf lief Schauer um Schauer. Und die Palme fühlte, daß der Kleine Macht über sie hatte. Sie konnte ihm nicht widerstehen.

Und sie beugte sich mit ihrem hohen Stamme vor dem Kinde, wie Menschen sich vor Fürsten beugen. In einem gewaltigen Bogen senkte sie sich zur Erde und kam endlich so tief hinunter, daß die große Krone mit den bebenden Blättern den Wüstensand fegte.

Das Kind schien weder erschrocken noch erstaunt zu sein, sondern mit einem Freudenrufe kam es und pflückte Traube um Traube aus der Krone der alten Palme.

Als das Kind genug genommen hatte und der Baum noch immer auf der Erde lag, ging es wieder heran und liebkoste ihn und sagte mit der holdesten Stimme:

«Palme, erhebe dich! Palme, erhebe dich!»

Und der große Baum erhob sich still und ehrfürchtig auf seinem biegsamen Stamm, indes die Blätter gleich Harfen spielten.

«Jetzt weiß ich, für wen sie die Todesmelodie spielen», sagte die alte Palme zu sich selbst, als sie wieder aufrecht stand. «Nicht für einen von diesen Menschen.»

Aber der Mann und das Weib lagen auf den Knien und lobten Gott.

«Du hast unsere Angst gesehen und sie von uns genommen. Du bist der Starke, der den Stamm der Palme beugt wie schwankes Rohr. Vor welchem Feinde sollten wir erbeben, wenn deine Stärke uns schützt?»

Als die nächste Karawane durch die Wüste zog, sahen die Reisenden, daß die Blätterkrone der großen Palme verwelkt war.

«Wie kann das zugehen?» sagte ein Wanderer. «Diese Palme sollte ja nicht sterben, bevor sie einen König gesehen hätte, der größer wäre als Salomo.»

«Vielleicht hat sie ihn gesehen», antwortete ein anderer von den Wüstenfahrern.

Hans Christian Branner

INGEBORG

Als Ruth vom Hof kam, stand eine brennende Kerze auf dem runden Eßtisch, und neben ihrem Teller lagen eine Schachtel Buntstifte und ein Malbuch. Dabei war doch erst morgen Weihnachten. «Mutter!» sagte Ruth und hüpfte auf und ab. «O Mutter, Mutter, Mutter!» In dem Buch waren lauter feingezeichnete Bilder, die sie selbst bunt ausmalen konnte. Sie setzte sich und blätterte darin. Da gab es ein Kaninchen mit langen Ohren, und sie stellte sich das Kaninchen braun vor, vielleicht mit weißem Stummelschwanz und weißen Pfoten und glänzend schwarzem Auge. Da war auch eine Puppe, und die Puppe sollte wie Ingeborg werden: mit gelbem Haar und rotem Kleid, mit rötlichen Backen und vergißmeinnichtblauen Augen.

«Iß jetzt», sagte ihre Mutter.

Aber Ruth konnte es nicht lassen, in dem Buch zu blättern, das wohl hundert Bilder enthielt. Und acht Buntstifte hatte sie. Sie zog sie ein wenig aus der Schachtel, zählte sie und betrachtete sie; sie waren braun und schwarz und grün und blau und gelb und violett und dunkelrot und hellrot...

«Mutter», sagte sie, «wie viele Stunden sind es noch bis zum Weihnachtsabend?»

«Nicht mehr viele», antwortete die Mutter. «Du mußt nur schnell einschlafen, dann vergehen sie rasch. Iß jetzt!»

Aber sie konnte fast nichts essen, und schlafen konnte sie schon gar nicht, das wußte sie; und es waren noch viele, viele Stunden. Ihre Beine wollten sich nicht ruhig halten, sie zappelten und zappelten unter dem Stuhl. In ihrem Magen kribbelte es vor Ungeduld, wenn sie an alle die vielen Stunden dachte.

«Ach, Mutter, Mutter, Mutter!» sagte sie abermals. Sie weinte beinahe.

Sie ging jedoch willig früh zu Bett, denn sie wollte gern im Dunkeln liegen und nachdenken. Im Dunkeln ließ es sich besser nachdenken.

«Mutter», sagte sie, als sich das große Gesicht über ihr Bett neigte, «gehen wir dann auf den Rathausplatz, um den großen Weihnachtsbaum zu sehen?»

«Hoffentlich», antwortete die Mutter. «Ich bin nicht sicher, ob die Zeit reichen wird. Ich arbeite an einem Kleid, das bis Weihnachten fertig sein muß.»

«Kannst du nicht heute nacht aufbleiben und es fertig nähen, Mutter?»

«Ja.»

Da das große Gesicht über ihr lächelte, wußte sie, daß es gelingen würde. Ihre Mutter zweifelte immer, daß sie mit dem, was sie gerade in Arbeit hatte, beizeiten fertig werden würde, und manchmal kamen erzürnte Damen, aber zuletzt wurde sie stets beizeiten fertig. Sie brauchte nur die Nacht aufzubleiben, dann schaffte sie es.

«Mutter!» sagte Ruth und hüpfte im Bett; sie zog das große Gesicht ganz zu sich herunter und rieb ihr eigenes Gesicht an Stirn, Nase und Wangen. Sie fühlte es deutlich. Sie nahm auch ein wenig von dem Geruch aus der Stube wahr, einen Geruch von Wärme und allerlei Stoffen. Sie liebte diesen Geruch.

«Laß mich nun los», sagte die Mutter. «Ich muß mich beeilen.»

«Aber laß die Tür angelehnt, damit ich dich sehen kann, Mutter.»

Es wurde fast dunkel, nur ein gelber Lichtstreifen und ihre Mutter, die drinnen an der großen Tretnähmaschine saß. Ruth liebte es, im Dunkeln zu liegen und die Nähmaschine zu hören. Jetzt surrte sie eine Weile, jetzt blieb sie eine Weile stehen. Jetzt wurde es drinnen schattig, die Mutter hielt etwas Dunkles gegen die Lampe und murmelte mit der sonderbaren Stimme, die sie immer hatte, wenn sie nachts nähte. Sie glaubte dann, Ruth schliefe. Aber Ruth mußte lachen, weil sie wach war und es hörte; sie schlüpfte ganz unter die Decke und lachte in sich hinein, bis sie außer Atem geriet. «Morgen ist Weihnachten», sagte sie unter der Decke. Sie mußte die Beine bis zum Kinn heraufziehen und sie mit den Armen festhalten, weil sie strampeln wollten. Sie hielt es nicht mehr aus, sie mußte mit jemand reden. Ihre Hand tastete in der Dunkelheit nach Ingeborg, die neben dem Bett auf einem Stuhl lag. Sie fühlte den Kopf, die Nase und die harten Porzellanlocken. Nun hatte sie Ingeborg bei sich unter der Decke.

«Du, morgen ist Weihnachten», sagte sie. Die Beine machten sich frei und zappelten wieder.

Ingeborg lag still, sie wußte es ja. Sie fragte nur etwas, ohne den Mund zu bewegen. Es betraf den Weihnachtsbaum.

«Ja», sagte Ruth, «du weißt, ich fand ihn nicht sehr groß. Als wir ihn kauften, war er nicht groß; viele waren doppelt so groß. Aber seit er im Zimmer steht, ist er groß, das heißt, wenn man ihn vor sich hat, glaubt man, er reiche bis zur Decke. Du bekommst ihn erst morgen mit Kerzen zu sehen, mit zehn Kerzen, zwanzig Kerzen, hundert Kerzen...» Die Beine zappelten, sie mußte innerlich quietschen. Ingeborg aber lag ganz still. «Weiter», sagte Ingeborg, ohne die Lippen zu bewegen.

«Wovon, von dem großen Paket aus Jütland? Ich glaube, ich weiß, was für dich darin ist. Aber ich sage es nicht. Voriges Jahr hast du das Bett bekommen, doch dieses Jahr ist es etwas anderes; du kannst es nicht erraten. Es hat mit Essen zu tun... nein, ich sage es nicht. Untersteh dich, es zu erraten!» Da Ingeborg es fast erraten hatte, mußte Ruth ihr die Hand auf den Mund legen. «Schweig! — Du, der große Weihnachtsbaum auf dem Rathausplatz reicht ganz bis zum Himmel hinauf, und er hat hunderttausend Millionen Kerzen! Wir werden hingehen und es selbst sehen. Aber es sollte schneien, morgen müßte Schnee liegen und Eis an den Fensterscheiben sein, lauter Eisblumen und Eiszapfen. Aber wir müssen wach bleiben und immerzu daran denken, sonst kommt es nicht. Wir müssen die ganze Nacht wachbleiben...»

Sie mußte doch eingeschlafen sein, denn plötzlich war alles ganz anders. Sie lag wieder im Dunkeln, das ganze Weihnachtsfest war vorbei, und ihre Mutter hatte sie nicht geweckt. Es war alles vorbei, die Tür geschlossen, und es war gar nicht Weihnachten. «Mutter!» rief sie und sprang aus dem Bett, riß die Tür auf und wurde von der Lampe geblendet. Sie weinte. Die Mutter saß wie gewöhnlich an der Maschine und nähte. Es war gar nicht Weihnachten …

Die Mutter kam zu ihr und nahm sie auf. «Aber, Ruth», sagte sie, «es ist ja noch nicht Morgen. Es ist erst drei Uhr. Du mußt schlafen, hörst du?»

«Ist denn erst morgen Weihnachten, Mutter?»

«Ja, erst morgen. Es dauert noch lange. Schlaf jetzt.»

Sie lag wieder im Bett, sie sank tief ins Traumdunkel. Sie lächelte, sie war wieder froh, froh und müde.

«Der Baum, Mutter, der große Baum …»

«Ja», sagte die Stimme. «Schlaf jetzt nur.»

Sie schlief jedoch nicht, sie konnte nicht, sie wollte nicht. Sie war überglücklich und übermüde. Sie lag ganz still und betrachtete das gelbe Licht im Türspalt. Bald darauf sah sie ein anderes Licht, einen schwachen grauen Schimmer hinter dem Rollvorhang. Sie war hellwach und wußte, daß es Morgen war, der Morgen des Weihnachtstages. Ihr Herz tat einen großen Sprung. «Mutter!» rief sie. «Mutter!»

Die Mutter kam und rollte den Vorhang in die Höhe. An den Fensterscheiben waren keine Eisblumen, draußen regnete es. Sie saß im Bett und sah es. Alles war so still, sie konnte nicht verstehen, daß jetzt Weihnachten war. Sie zog sich langsam an, feierlich und mit großen Augen, ihre Arme waren ganz matt. Als sie am Tisch saß und aß, wuchs der Brei und wurde dick im Mund. «Mutter, ich kann nicht mehr», sagte sie.

«Na, dann laß es stehen», sagte die Mutter.

Sie blieb noch eine Weile sitzen; alles war so still. Ihre Mutter saß an dem kleinen Tischchen und nähte immer noch.

«Mutter, so darfst du nicht sein», sagte sie.

«Wie denn?»

«So traurig.»

«Ich bin nicht traurig, ich habe nur viel zu tun.»

Aber das große Gesicht war still und so grau wie der Regen draußen. Sie ging hin und umarmte sie. «O Mutter ...»

«Laß mich, Ruth. Ich habe hier etwas, das fertig werden muß. Mal du ein wenig in deinem Buch.»

«Nein», sagte sie, «damit will ich erst anfangen, wenn Weihnachten ist. Wenn richtig Weihnachten ist.»

«Dann nimm dir etwas anderes vor», sagte die Mutter.

Aber Ruth konnte sich nichts vornehmen, sie saß am Fenster und schaute auf die Straße hinunter, wo alles still und naß war. Sie schlenderte ein wenig umher und betrachtete betrübt die Stoffreste, die überall herumflogen, und die Nähmaschine, die lief.

«Jetzt regnet es nicht mehr», sagte die Mutter. «Geh hinaus und sieh dir das Schaufenster an.»

Sie zog ihren Mantel an und ging zum Schaufenster an der Ecke. Hinter der Scheibe gab es glitzernde Watte und Zwerge, die einen Hügel hinabrodelten, und zuhinterst war eine Kirche mit erhellten Fenstern. Aber es war nicht so wie gestern und am vorigen Tage. Auch der Bogen mit den Ankleidepuppen, die sie sich gewünscht hatte, war anders als früher; sie waren jetzt gewöhnlich. Alles war gewöhnlich; die Leute, die vorbeigingen, waren gewöhnlich. Und es war still und naß und milde, gar nicht weihnachtlich. Vielleicht wenn es dunkel wurde ... doch bis dahin dauerte es noch viele Stunden, und ihre Mutter nähte bloß immerzu.

Unruhe überfiel sie; sie ging weiter bis zur Großen Königsstraße und sogar noch weiter. Sie wußte, daß irgendwo die Auslage eines großen Spielwarengeschäftes sein mußte, aber die Entfernung war wohl zu weit. Sie hatte schon einen langen Weg zurückgelegt und wollte nun umkehren. Dennoch ging sie weiter. Sie wurde ängstlich, denn alles war ganz anders, die Häuser und die Läden und alle Menschen. Man konnte es ihr ansehen, daß sie nicht in dieser Straße wohnte. Sie war auch nicht sicher, ob sie den Heimweg finden würde. Ja, jetzt wollte sie umkehren. Aber sie ging weiter. Das Schaufenster mit dem Spielzeug kam nie...

Da stand sie plötzlich davor. Sie stand reglos und vergaß alles, denn nie hätte sie geglaubt, daß es auf der ganzen Welt so viele Spielsachen gab, und vielleicht kostete jedes Ding hundert Kronen. Da war eine Puppe in einem Wagen, und sie sah aus wie ein richtiges Kindchen in einem richtigen Kinderwagen; Ruth wußte nicht recht, ob es am Ende ein richtiges Kind war. Und ein Puppenhaus wie ein richtiges großes Haus aus Backsteinen mit einem Dach, und darin waren vier Zimmer mit richtigen Tischen und Stühlen und Betten und Bildern an den Wänden ... Jetzt war sie selbst in dem Haus, sie aß am Tisch, sie schlief im Bett. Plötzlich aber stand jemand neben ihr, und gleichzeitig sah sie sich in der Fensterscheibe, ihr Gesicht mit den Haaren ohne Hut, und die Nase drückte sich weiß an dem Glas platt. Sie wich zurück, denn es war sicher verboten, und man merkte es ihr ja an, daß sie nicht in dieser Straße wohnte. Zwei Knaben standen da, und sie waren wie die Sachen im Schaufenster, aber sie war nicht wie die Sachen, nicht wie alle die großen, schönen, glänzenden Sachen für hundert Kronen... Und sie wollte heim, sie wollte umkehren und laufen, denn es kam jemand aus dem Geschäft und sagte: «Ruth.» Es waren Annelise und ihre Mutter, die Frau Seidelin hieß; sie kannte beide, sie kamen manchmal und ließen etwas nähen. «Ruth!» rief Annelise, aber Ruth lief schon, doch als Frau Seidelin ebenfalls «Ruth!» rief, mußte sie umkehren. Sie ging sehr langsam zurück, gewiß wollten sie sagen, hier dürfe sie nicht sein. Aber Frau Seidelin sagte nur guten Tag, fragte, wie es ihr und der Mutter gehe, und ob sie sich auf Weihnachten freue. Sie machte einen Knicks und antwortete, ja, sie freue sich. Sie wagte jedoch nicht aufzublicken, denn Frau Seidelin stand in einem grauen Pelz vor ihr, wie man sich einen grauen Schwan vorstellt, der daherrauscht; Hals und Kopf waren auch wie bei einem Schwan, der sich krümmt und von hoch oben herabsieht, und daneben stand Annelise mit hellblauer Mütze und einem hellblauen Mantel mit weißem Pelzkragen und weißem Pelz an den Ärmeln und am Saum — in all dem Blau und Weiß war Annelises Gesicht, das lachte und sie die ganze Zeit anschaute.

«Auf Wiedersehen», sagte Ruth und knickste wieder.

«Warte», sagte Frau Seidelin. «Ich muß noch einmal hineingehen und etwas kaufen. Ihr beide könnt so lange hier draußen warten.»

So stand sie wieder vor dem Schaufenster zusammen mit Annelise. Sie getraute sich nicht, all das Blau und Weiß anzusehen. Sie getraute sich auch nicht, die Spielsachen zu betrachten. Sie war inwendig ganz starr und vermochte nichts zu sagen. Ihre Beine waren sprungbereit: nach Hause, nach Hause...

«Was wünschst du dir?» fragte Annelise.

Ruth wußte es nicht. Sie wußte nichts. Sie wünschte sich nichts.

«Ich wünsche mir die Puppe und den Wagen», sagte Annelise. «Und das Puppenhaus. Aber nein, ich habe schon eines. Das dort ist vielleicht noch hübscher. Aber nein, meins ist hübscher. Und ich bekomme ein Paar Skier, das weiß ich, ich bekomme eine ganze Skiausrüstung. Wir werden in Norwegen Ski fahren, wir reisen morgen. Aber nein, erst übermorgen. Morgen geben wir eine Gesellschaft, da bekomme ich noch eine Menge Sachen. Gebt ihr eine Gesellschaft?»

«Das weiß ich nicht», antwortete Ruth. «Ich glaube nicht.»

«Seid ihr ganz allein, deine Mutter und du?»

Ruth merkte, daß sie nun sehr viel sagen mußte. Rasch nahm sie die Hand aus der Tasche und zeigte auf etwas im Schaufenster, etwas, das sich bewegte. Es war ein großer Weihnachtsmann hoch über allen Spielsachen, über all den glänzenden Spielsachen; er hatte ein strenges Gesicht mit weißem Bart, und er nickte immerzu, nickte langsam und streng. «Schau», sagte sie, «schau doch, er ist wie der liebe Gott...» Dann konnte sie nichts mehr sagen. Das mit dem lieben Gott war dumm, sie spürte es.

«Wer?» fragte Annelise. «Der dort? Das finde ich nicht. Er hat doch nichts Besonderes, er nickt ja nur fortwährend. Ich habe etwas viel Lustigeres, ich habe einen ganzen Schrank voll mit allem möglichen. Darin sind richtige ausgestopfte Tiere und alles mögliche. Du mußt einmal zu mir kommen und dir die Sachen ansehen. Aber nein, komm jetzt gleich mit, ja? Jetzt gleich!»

«Ich kann nicht», erwiderte Ruth. «Ich muß nach Hause zum Essen.»

«Du kannst bei uns essen», sagte Annelise. «Da kommt Mutter — ich sage es ihr, ja?»

Frau Seidelin kam aus dem Geschäft, sie rauschte herbei. Plötzlich erschien ein Paket, eine große Schachtel in Weihnachtspapier. «Für wen ist das?» fragte Annelise. «Ist das auch für mich?»

«Nein», antwortete Frau Seidelin, «das ist für Ruth.»

«Aber, Mutter, ist das nicht... du weißt doch, was ich mir wünsche?»

«Gut möglich», sagte Frau Seidelin. «Aber du bekommst so viele andere Sachen, und ich finde, nun soll Ruth sie haben. Bitte sehr, Ruth. Aber du darfst erst heute abend auspacken.» Sie war sehr groß und rauschend in ihrem grauen Pelz. Sie bog den Hals und lächelte von hoch oben. Wie man sich einen lächelnden Schwan vorstellen konnte...

«Danke», sagte Ruth. Aber es wurde nur ein Laut tief unten in der Kehle. Sie räusperte sich. «Oh, vielen Dank», sagte sie und knickste. Auch das genügte nicht, sie hätte mehr sagen sollen. Sie stand steif mit der großen Schachtel in Weihnachtspapier. Sie wünschte, sie hätte sie nicht bekommen; sie wünschte, sie hätte die beiden nicht getroffen. «Auf Wiedersehen und vielen Dank», sagte sie und knickste. Nach Hause, nach Hause mit der Schachtel, nach Hause ins Zimmer rennen...

Aber Annelise und ihre Mutter hatten denselben Weg, sie wohnten an der Breitenstraße, so mußte sie ein Stück mit ihnen gehen. Sie ging mit der Schachtel. «Ich weiß genau, was darin ist», sagte Annelise. «Eigentlich hätte ich es bekommen sollen. Aber es macht nichts, du kannst es gern haben.» Sie sah ihre Mutter an, während sie das sagte, und Frau Seidelin bog den Hals und lächelte von hoch oben. Ruth ging mit der Schachtel. In Wirklichkeit gehörte sie ihr nicht, in Wirklichkeit war es Annelises Schachtel.

«Mutter», sagte Annelise, «darf Ruth mit uns kommen und bei uns essen?»

«Am Weihnachtstag!» antwortete Frau Seidelin. «Ich glaube nicht, daß es Ruths Mutter recht sein würde.»

«Aber morgen, Mutter?»

«Morgen haben wir das Haus voller Gäste. Vielleicht kann Ruth ein andermal zu uns kommen. Wir wollen sehen, wenn wir aus den Ferien zurück sind...»

Ruth ging mit der Schachtel. Sie war froh, daß sie nicht mitgehen durfte; es wäre schrecklich gewesen, wenn sie hätte mitgehen müssen. Sie blieben an der Ecke der Königinstraße stehen, hier trennten sich ihre Wege.

«Auf Wiedersehen, und grüß deine Mutter. Und fröhliche Weihnachten... Komm jetzt, Annelise!»

Aber Annelise rührte sich nicht vom Fleck; ihre Hand im blauen Fausthandschuh hielt Ruths Hand und wollte sie nicht loslassen. «Auf Wiedersehen, auf Wiedersehen!»

rief sie und hüpfte im Kreis herum; ihre Augen hüpften mit und leuchteten in all dem Blau und Weiß. Dann war sie plötzlich weit weg und rief noch zurück, Ruth müsse kommen und mit ihr spielen; doch Ruth antwortete darauf nicht, sondern rannte nur. Es polterte in der Schachtel, während sie lief; vielleicht waren es bloß Schuhe. Doch als sie an ihrer eigenen Straßenecke anlangte, wußte sie auf einmal, was es war; es traf sie wie ein Stoß vor die Brust, so daß sie stillstehen und nach Luft schnappen mußte. «Ach nein», stieß sie hervor. Aber sie wußte es: Es war eine Puppe darin.

«Mutter!» rief sie, bevor die Tür geöffnet wurde. «Mutter, schau doch!» Dann war sie in der Stube und sprudelte alles hervor, erzählte von Annelise und Frau Seidelin, von dem Spielwarengeschäft, und was sie gesagt hatten, daß sie zum Essen eingeladen worden war. «Ich soll hinkommen, Mutter!»

«Ja», sagte die Mutter, die immer noch an der Nähmaschine saß; das blanke Rad kreiste.

«Mutter, ich weiß, daß es eine Puppe ist, ich weiß es. Denn Annelise hatte sie sich gewünscht, aber sie bekam sie nicht, sondern ich habe sie bekommen. Darum weiß ich es.»

«Ja», sagte die Mutter und folgte mit den Augen der feinen Naht, die unter die Nadel kroch.

«Du hörst ja gar nicht zu, Mutter!»

«Doch, ich höre zu, Ruth, ich bin nur ein bißchen müde.»

«Ach, Mutter, du darfst nicht müde sein, du darfst nicht müde sein, du darfst nicht!»

«Darf ich nicht? Nein, das ist Unsinn, ich bin gar nicht müde.» Die Augen folgten der Naht.

Ruth schlich ins Schlafzimmer und machte die Tür hinter sich zu; sie wollte jetzt mit der Schachtel allein sein. Wenn sie die spitze Schere nähme und nur ein klitzekleines Guckllöchlein machte...? Nein, die Schachtel durfte kein Loch bekommen, sie sollte immer und ewig aufbewahrt werden, die Schachtel mitsamt dem Papier und der Schnur. Aber der Knoten war nicht sehr fest... sollte sie? Nein. Ja. Nein... Doch der Knoten ging von selbst auf, das Papier rutschte von selbst ein wenig weg. Und der Deckel... nur so viel, daß sie einen Finger hineinstecken konnte. Zuoberst war etwas weiche Watte, aber ihr Finger kroch darunter und fühlte die Puppe, er fühlte jetzt die Haare. Es waren echte Haare, nicht bloß angemalte Porzellanhaare wie bei Ingeborg. Nun lag die ganze Puppe offen in der Schachtel, sie lag plötzlich wie von selbst da. Ruth stand vor ihr und atmete kaum, denn sie bekam fast keine Luft. Still, still, sie wagte sich nicht zu rühren. Die Puppe lag mit geschlossenen Augen, doch als sie sie ganz vorsichtig ein wenig anhob, schlug sie die Augen auf, langsam öffneten sich die blitzblauen Augen... Nein, das war zu viel; Ruth wagte sie nicht anzusehen, wieder hinunter, wieder schlafen. Sie hatte ein blaues Kleid und blaue Strümpfe und Schuhe und echte gelbe Haare, Menschenhaare... Sie hieß Annelise. Annelise Seidelin hieß sie. Ruth brauchte ihr keinen Namen zu geben, sie hatte schon einen. Aber sie wagte sie nicht mehr anzusehen, sonst hätte sie laut schreien müssen; sie beeilte sich, die hellrote Watte darüber zu legen, den Deckel darauf, das Papier wieder drumherum, genauso gefaltet wie zuvor. Und den gleichen Knoten in die Schnur machen. Nun konnte niemand etwas merken.

Beim Essen war sie nahe daran, ihrer Mutter von Annelise zu erzählen, von Annelise Seidelin... es wollte hinaus, sie mußte auf dem Stuhl zappeln und insgeheim lachen, weil die Mutter wie gewöhnlich dasaß und nichts wußte.

«Mutter, gehen wir nun den großen Weihnachtsbaum anschauen?» fragte sie, als der Tisch abgeräumt war und die Mutter den Hut aufsetzte.

«Ich muß zuerst das Kleid abliefern. Wenn ich zurück bin, können wir hingehen.»

«Darf ich mitkommen, Mutter?»

«Nein», erwiderte die Mutter, «ich fahre mit der Straßenbahn, ich muß mich beeilen. Du kannst wohl so lange allein bleiben...» Schon war sie die Treppe hinunter, und die Haustür fiel ins Schloß.

Kurz darauf war Ruth in dem kleinen Zimmer, wo die Schachtel jetzt unter dem Weihnachtsbaum lag. Sie durfte das Zimmer nicht betreten, sie hatte es auch nicht gewollt; Weihnachten war nicht richtig, wenn man hineinging und alles vorher sah. Sie wünschte, Mutter hätte sie mitgenommen, so daß sie es nicht hätte tun können. Nun aber hatte sie es getan. Sie war inwendig wie von Kummer beschwert. Denn der Weihnachtsbaum war doch nicht sehr groß, und darunter lag auch nicht viel. Nur die Schachtel war groß. Sie war nicht wie der Weihnachtsbaum und die Sachen darunter, sie war wie das große Geschäft und Annelise und Frau Seidelin. «Eigentlich hätte ich es bekommen sollen ...» Ja, in Wirklichkeit hätte Annelise die Schachtel haben sollen. Annelise Seidelin. Ruth wollte sie nicht wieder öffnen. Sie ging ins Schlafzimmer zu Ingeborg.

«Ingeborg», sagte sie, legte sie an ihre Wange und setzte sich mit ihr. Plötzlich erkannte sie es: Sie war Ingeborgs wegen betrübt. Da war das Bett, das Ingeborg nun nicht mehr gehören konnte. Es mußte Annelises Bett werden, Annelise Seidelins Bett. Dann konnte Ingeborg die Schachtel mit der hellroten Watte bekommen. Bisher aber war es Ingeborgs Bett gewesen. Jetzt mußte Ingeborg allein sitzen und zuschauen, wie sie mit Annelise spielte, wie sie Annelise an- und auszog und Annelise ins Bett legte. Und die ganze Zeit saß sie dann da, sie schlief nicht und konnte es nicht vergessen, weil sie ja die Augen nie zu schließen vermochte. Sie saß die ganze Zeit mit offenen Augen da und sah es ...

So war es, sie konnte nichts dafür. Es war nur so schrecklich. Sie wiegte sich hin und her, und sie fühlte Ingeborg an ihrer Wange, Ingeborgs harte Porzellanlocken. Denn sie hatte keine echten Haare, keine Menschenhaare. Nicht wie Annelise. Annelise war Annelise Seidelin. Aber Ingeborg war irgendwie nicht einmal mehr Ingeborg ...

Auf einmal wußte sie es. Sie war im Nu wieder froh. Sie kniete vor dem Küchenschrank und fand eine leere Schuhschachtel. Und Bindfaden und ein großes Stück hellrotes Papier sowie Seidenpapier. Sie sah Ingeborg nicht an, während sie sich betätigte; es war, als ob es sie nicht berührte, sie beeilte sich nur. Es war zu viel Papier da, es zerknitterte, sie stopfte es unter die Schnur. Sie holte einen Bleistift und schrieb ... nein, sie wußte nicht, ob Annelise in einem Wort oder in zwei Wörtern geschrieben wurde. Sie konnte auch Seidelin nicht buchstabieren. So schrieb sie nur: «Fröhliche Weihnachten von Ruth.» Dann war sie im Mantel, die Treppe hinunter, hinaus auf die Straße, und sie rannte. Irgendwie war sie es nicht selbst, die da lief; sie war erschrocken und froh, traurig und froh. Aber sie konnte Ingeborg in der Schachtel hören, während sie lief. Da wagte sie nicht mehr zu rennen, sie trug die Schachtel vorsichtig. «Du bekommst einen Wagen», sagte sie, «einen richtigen Wagen mit weißer Pelzdecke und ein richtiges Haus mit richtigen Tischen und Stühlen und Betten und Bildern an den Wänden, das alles bekommst du.» Sie sagte es im stillen, ohne die Lippen zu bewegen, wie Ingeborg selbst sprach. Das hatten sie gemeinsam... Dann war sie in der Breitenstraße und suchte das Haus; sie befürchtete, es nicht zu finden; sie war erst einmal mit ihrer Mutter dort gewesen. Doch sie fand es fast sofort, fast zu schnell. Es hatte ein großes Tor mit einem Türchen darin, hinter einer Fensterscheibe saß ein Mann, und schon auf der Treppe lag ein dicker roter Teppich, und überall waren goldene Stangen und glänzende große Türen. Auf einem goldenen Schild stand es: Seidelin. Sie wartete ein Weilchen. Das Papier hatte sich gelöst, sie stopfte es wieder unter die Schnur. Dann klingelte sie, und es erschien eine Frau in schwarz-weißem Kleid. «Bitte sehr, das ist für Annelise», sagte sie und knickste. Dann lief sie weg. Oben wurde etwas gesagt, aber sie lief, so schnell sie konnte, die rote Treppe mit den goldenen Stangen hinunter. Denn wenn Annelise käme und sie sähe oder Frau Seidelin! Sie fühlte sich erst sicher, als sie zur Königinstraße gelangt war; hier hielt sie inne und schöpfte Atem. Den Rest des Weges legte sie sehr langsam zurück.

Als es nachmittags dunkelte, schauten sie sich den großen Weihnachtsbaum auf dem Rathausplatz an. Ruth stand ganz still und stellte sich Annelises Weihnachtsbaum so vor, himmelhoch und mit tausend Millionen Kerzen. Und auf der Rückfahrt saß sie ganz still in der Straßenbahn und dachte daran. Es war ja Weihnachtsabend, aber nicht richtig — auch nicht, als sie am Tisch mit lauter Kerzen saßen und sie die Mandel im Mund fühlte, nicht einmal, als der Christbaum angezündet war, und als sie gesungen hatten und sie die Geschenke auspackte. Es waren die Ankleidepuppen aus Pappe und das Buch und der Puppenkochherd mit Töpfen und Tasse und dem Teller, aus dem Ingeborg hätte essen sollen. Nun würde Annelise daraus essen, Annelise Seidelin. Aber sie schaute sich die Sachen nicht recht an, auch Annelise nicht. Gewiß, sie freute sich, doch nicht richtig.

«Wo ist Ingeborg?» fragte die Mutter. «Willst du Ingeborg nicht herholen?»

Da redete Ruth über die Ankleidepuppen drauflos: «Komm, Mutter, wir wollen sie ausschneiden!»

Als sie am Tisch saßen und ausschnitten, sprach sie immerzu und zeigte, wie sie mit den Kleidern aussahen, aber nicht richtig, sondern nur, damit die Mutter nichts von Ingeborg sagte. Und bevor sie ins Bett sprang, löschte sie das Licht, so daß es fast dunkel war, als sie die Mutter umarmte und ihr gute Nacht wünschte. Sie sei so müde, sagte sie. Dann lag sie allein und dachte im Dunkeln nach. Es war Weihnachten gewesen und doch nicht richtig. Aber auf dem Stuhl neben ihrem Bett lag Annelise Seidelin und schlief richtig mit richtig geschlossenen Augen.

Als sie aufwachte, wußte sie sogleich, daß etwas geschehen würde, doch es geschah erst, als die großen Glocken von allen Kirchen geläutet hatten und die Mutter gegangen war. Sie wolle nicht mit in die Kirche gehen, sagte sie, sondern lieber zu Hause bleiben und mit ihren Sachen spielen. Aber sie spielte nicht, sie kniete auf einem Stuhl und schaute zum Fenster hinaus auf die Straße. Sie dachte an nichts Besonderes, sie langweilte sich nur, hatte ein schweres Herz und wußte, daß etwas geschehen würde. Als an der Tür geklingelt wurde, war es, als hätte sie die ganze Zeit darauf gewartet.

Sie machte auf und erblickte die hellblaue Mütze und den hellblauen Mantel mit weißem Pelzbesatz an Kragen und Ärmeln. Mitten in all dem Blau und Weiß sah sie Annelise Seidelin.

«Bitte sehr», sagte Annelise und reichte etwas hin.

Ruth schwieg. Sie nahm es entgegen und stand damit da. Eine große Schachtel in hellrotem Papier.

«Ich darf sie nicht behalten», sagte Annelise. «Und ich mache mir auch nichts daraus, es ist eine häßliche Puppe, jawohl. Nur der Kopf ist richtig, alles andere ist bloß aus Stoff. Solche Puppen hat man gar nicht mehr. Ich weiß auch genau, daß es eine alte Puppe ist, denn das eine Ohr ist abgebrochen. Und Mutter sagt, weil ich dir eine Puppe geschenkt habe, brauchst du mir nicht auch eine Puppe zu schenken ...»

Ruth stand mit der Schachtel da. Auf der einen Seite war das Papier wieder lose, sie stopfte es unter die Schnur. Sie hörte nicht auf, das Papier festzustopfen. «Du», sagte Annelise, «was hast du zu Weihnachten bekommen? Weißt du, was ich bekommen habe?» Sie berichtete es, sie erzählte und erzählte, es dauerte ewig. Unten von der Haustür ertönte die Stimme eines Erwachsenen: «Annelise!»

«Ja, ich komme!» rief Annelise. «Das ist unser Kindermädchen», sagte sie, «sie wartet unten auf mich. Also, auf Wiedersehen. Du kommst zu mir, wenn wir wieder daheim sind...»

Schon lief sie die Treppe hinunter. Sie verschwand und kam beim Treppenabsatz wieder zum Vorschein, verschwand und erschien, hüpfend, blau und weiß. Ruth schaute zu. «Du kommst also!» erklang es zum letztenmal ganz aus der Tiefe. Die Haustür fiel ins Schloß.

Lange saß Ruth mit der Schachtel auf dem Schoß. Es war so sonderbar, sie hatte gleichsam keine Finger. Schließlich aber war das Papier abgelöst, Schnur und Deckel weg. Da lag Ingeborg. Eine Puppe, die sie früher Ingeborg genannt hatte, eine häßliche Puppe und alt. Nur der Kopf war richtig, alles übrige bloß Stoff. Drinnen im Schlafzimmer aber lag Annelise mit richtigen Armen und Beinen, mit richtigen Knien und Ellenbogen, die sich bewegen ließen, und echten Menschenhaaren und richtigen Augen, die sich schlossen, wenn man sie hinlegte, und sich öffneten, wenn man sie aufnahm, Annelise Seidelin...

Sie ging langsam hinein und nahm sie auf; sie trug sie zum Fenster, das auf den Hof hinausführte, und machte es auf. Lange blieb sie hier stehen und sah es fallen, etwas Hellblaues, das fiel und fiel. Sie hörte das Geräusch, als es unten in der Tiefe den grauen Zement traf. Nun lag das Hellblaue ganz still, und ringsum lagen lauter Scherben. Es war so seltsam, als sie es sah und es gleichwohl nicht sah. Aber dort unten lag Annelise Seidelin. Die richtige Annelise Seidelin.

Da weinte sie.

Johannes Vilhelm Jensen

WEIHNACHTSFRIEDE

Heutzutage herrschen in Jütland friedliche Zustände, besonders in der Weihnachtszeit geht der Friede über alle Begriffe. Aber noch vor zwei Menschenaltern bedeutete Weihnachten die Zeit, in der man sich den Frieden im Gegensatz zum übrigen Jahr wünschte, denn die Sicherheit war nicht so groß. Ist es da nicht verwunderlich, daß gerade die Weihnachtszeit früher so unruhig war? Immer wieder hörte man vom Ausbruch alter Fehden, vom Aufruhr zwischen Todfeinden, von Untaten, und das trug sich am Weihnachtsabend oder am zweiten Feiertag gar in der Kirche zu! Manche Leute machten sich nämlich die Gelegenheit zunutze, während alle an Frieden und an keinerlei Gefahr dachten; und andere sicherten sich den Weihnachtsfrieden, wenn er ihnen verwehrt wurde, durch Dummheiten.

Auf der Sönderup-Heide lebte ein Mann, der Törve Christen hieß, er war menschenscheu, obwohl er nichts Schlechtes in sich hatte, ein harmloser Kätner, dem ein jämmerlich kleines Stückchen Land auf der Heide gehörte, und der sich als Taglöhner seinen Lebensunterhalt verdiente. Aber er war ein Mörder. Törve Christen tötete an einem Weihnachtsabend den Klinkermann. Er wurde zwar zum Helden erklärt und freigesprochen, aber man sprach doch nur im Flüsterton seinen Namen aus, er hatte Blut an den Händen.

Der Klinkermann war ein Dieb und hatte im Zuchthaus gesessen; er stammte aus der Gegend, und täglich gab er mit seinen Verstößen gegen das Gesetz zu Gerede Anlaß. Obwohl er also ein schlechter Kerl war und die Leute ihn fürchteten, haftete ihm doch etwas von der überschäumenden Wildheit alter Zeiten an; die Leute belustigten sich über ihn, er war ein Dorn, er verging sich oft aus bloßer Laune, er hatte etwas von einem Schalk. Er schien einer von jenen verrückten Vögeln zu sein, die vielleicht im Grunde nichts anderes sind als querköpfige und irregeleitete Hochbegabte. Man erzählte sich vom Klinkermann viele Geschichten. Seine Stärke war es, aus dem Zuchthaus auszubrechen, er brachte das Unglaublichste fertig, ließ sich nicht zurückhalten. Es hieß, er hätte ungewöhnlich kleine Hände und Füße, und die Gefängniswärter merkten nie, daß er die Ketten abstreifen konnte. Wie er es auch anstellte, und was für neue Kunststücke er ausheckte, jedes Jahr bekam man in der Gegend wieder mit ihm zu tun. Seine Frau und seine Tochter lebten nämlich in einer Hütte auf der Sönderup-Heide, unweit von Törve Christens Haus.

Es bestand eine tiefe Kluft zwischen den beiden Familien, obwohl ihre Lebensverhältnisse fast gleicherweise elend waren. Dazu kam ein jahrelang genährter persönlicher Haß, der vom Klinkermann ausging. Das war eigentlich verständlich. Wenn er alljährlich mit unsagbarer Mühe aus dem Zuchthaus ausgebrochen war und wie ein Waldtier mit den Hunden auf den Fersen heimkehrte, sah er von seinen eigenen verachteten Fenstern geradenwegs in Törve Christens armselige, aber ehrbare Wohnung! Dort drüben hauste Törve Christen, der Habenichts-Apostel, der sich ewig weigerte, mit denen, die nichts hatten, Konflikt zu suchen, der in seinem genügsamen und makellosen Wandel nie einem andern zu nahe trat, still und zurückgezogen lebte und sich in seiner Geringschätzung unehrlicher Menschen nie erschüttern ließ. Dort waren die drei Kinder, die sich Törve Christen zugelegt hatte; in Eintracht mit den Engeln des Gottesreiches stolperten sie ums Haus herum, während sich Törve Christen auf seinem Heidefleckchen mit dem Spaten krumm arbeitete. Dem Klinkermann ließ es keine Ruhe vor Verlangen, den hochgesinnten Armenhäusler zu teeren, ihn anzuzünden und einen rauchenden Heiligen aus ihm zu machen. Immer wenn er zu Hause war, suchte er Streit mit Törve Christen, aber der fromme arme Schlucker kümmerte sich um seine eigenen Angelegenheiten und hegte nicht den Wunsch, sich auf irgendeine Weise mit dem Klinkermann zu messen. Zu guter Letzt sehnte sich der Klinkermann nicht wegen seiner Familie heim, sondern auch um Törve Christens willen, den er haßte, und dem er ans Leben wollte. Und es kam der Tag, an dem er sich nicht mehr zu beherrschen vermochte.

Es war ein grauer, lichtverlassener Weihnachtstag, als Sönderup bis in den letzten Winkel aufgeschreckt wurde, weil eine halbe Schwadron Dragoner durch das Städtchen donnerte, wo kein Mensch etwas Böses ahnte; es dunkelte bereits, und der einmalige süße Weihnachsfriede begann sich über die Ortschaft zu senken. Alle Geräusche wurden so innig behutsam, jeder Gedanke an die Außenwelt war verschwunden, und da jagte eine unzählige Reiterschar in blauer Uniform mit Helmen und kalten Schwertern ins Städtchen! Rings um sie spritzte der Lehm auf. Sie kamen im Galopp wie ein erschreckendes Gespenst an einem Wintertag. Den alten Leuten zitterten vor Entsetzen die Knie. Sie erinnerten sich an einen anderen Weihnachtstag, an dem sie in Sönderup Dragoner gesehen hatten. Das war nun viele Jahre her. Damals hatte sich der Gemeindevogt persönlich mit vier Mann auf die Heide begeben, wo auch zu jener Zeit Gesindel hauste, ein Mann mit seiner Frau und zwei Söhnen, die nachts die Schafe auf den Feldern schoren und die Gegend noch auf andere Weise unsicher machten. Endlich wollten die Leute von Sönderup über Weihnachten Friede haben, deshalb drangen sie in die Hütte ein und schlugen die vier Bewohner mit dem Beil nieder. Aber das beruhte auf einem Mißverständnis, sie konnten keine Notwehr geltend machen und wurden zum Entgelt alle fünf hingerichtet.

Indessen wurde es bald bekannt, warum die Dragoner diesmal gekommen waren: Der Klinkermann war wieder einmal ausgebrochen, unter schlimmeren Umständen denn je, denn er hatte den Gefängniswärter in eine Keilerei verwickelt, die der Ärmste nicht überlebt hatte. Darum wendete man alle Mittel an, ihn wieder festzunehmen, und nun wollte man ihn am Weihnachtsabend im Schoß der Familie schnappen.

Auf der Heide teilten sich die Dragoner, sprengten von allen Seiten herbei und umzingelten im Nu die Hütte des Klinkermannes. Aber der Klinkermann war nicht da. Sie durchsuchten und durchforschten das Haus von oben bis unten, sie verhörten Frau und Tochter, sie kehrten jeden Strohhalm um, fanden aber den Klinkermann nicht. Nachdem sie unverrichteterdinge abgezogen waren, kroch der Klinkermann aus einem Loch im Lehmboden, das über ihm festgestampft und mit Torfmull bedeckt worden war; so hatte er sie überlistet.

Zwei Stunden später läuteten die Kirchenglocken in Sönderup den Heiligen Abend ein. Es wurde ganz still in der Dunkelheit. Nur die Glocke im Kirchturm hatte das Wort; mit ihrer wunderlichen Stimme lallte sie es in der Tauwetternacht über das eingeschüchterte Städtchen, das so einsam in dem weiten Land lag. Der Wind ging hin und her, das Wasser sickerte und tropfte in den gerinnenden Schnee der Gräben. Die Kirchenglocke sprach, bald müde, bald in singender Stimmung, niedergeschlagen und froh, auf und ab wie ein alter Mann, der erfahren ist. Und sie verstummte schließlich mit nachdrücklichem Nicken wie ein uralter Mann. Unter dem Nachthimmel klarte es auf, die Sterne entflammten unter dem tiefen Raum, sie hingen kühl flimmernd und klein. Spröde Geräusche wurden über die Erde ausgesät, das Wasser sickerte leiser, Kälte erhob sich in der Nacht. Dann verstummte auch der ängstliche Eislaut des Wassers mit einem einzigen schwachen Knirschen wie im Schlaf; es fror, und der Frost hielt an.

Jetzt waren alle zu Hause. Nur ein Mann, der notwendigerweise auswärts gewesen war, kam am Abend über die

Heide. Und er begegnete zu seinem unbeschreiblichen Schrecken dem Klinkermann, der eine Teerbüchse trug.

«Guten Abend», sagte der Klinkermann in einem Tone, der ausgezeichnete Stimmung verriet. «Du brauchst keine Angst zu haben, kleiner Knud, dir will ich nichts zuleide tun. Ich gehe zu Törve Christen, um ihn anzuzünden. Zum Teufel mit dir und ein frohes Fest!»

In Törve Christens Stube hatte Weihnachten Einzug gehalten. Das tat sich in zunehmender Stille kund. Seine Frau machte sich zurecht wie auf Besuch. Die drei Kinder mußten nacheinander vor dem Schemel mit Waschschüssel und Seife eine qualvolle Minute durchmachen. Jeppe und Laurine, die beiden ältesten, ließen sich mit großer Willensstärke waschen, sie begriffen die tiefe Bedeutung des Heiligen Abends, der sich näherte. Jeppe war fünf Jahre alt und Laurine vier, sie wußten schon vieles. Einmal waren sie in Sönderup gewesen, wo man sie Hand in Hand umhergehen gesehen hatte. Das war das größte Ereignis ihres Lebens. Sie hatten das Gittertor des Kirchhofs und andere Geheimnisse der Stadt bestaunt, einen großen, tiefen Garten, aus dem ein Baum mit dicken Birnen aufragte; und nachdem sie die Luft vor der Gartentür des Pastors eingeatmet und hinter den klaren Fenstern des Hauses wunderliche Blumen erspäht hatten, waren sie Hand in Hand aus der Stadt gegangen und bei Einbruch der Dunkelheit heimgekommen. Karen Marie war erst zwei Jahre alt und für alles noch zu klein; deshalb weinte sie auch, als sie gewaschen wurde. Jeppe und Laurine fühlten sich ihr in jeder Hinsicht überlegen. Sie kannten die Außenwelt, in der sie sich bewegt hatten; sie kannten die

Pflanzen und Insekten der Heide, wußten um den Wert des Schilfes und der Frösche im Riedgras, runder roter Steine und bunter Scherben. Sie pflückten winzige Kügelchen vom Heidekraut und spielten damit und ließen ein Stückchen Holz in einer Pfütze segeln. Im Sommer spielten sie draußen in dem krummen Hohlweg, wo ihnen der warme feine Sand in den Wagenspuren durch die Zehen lief. Nun hatte der Winter sie seit undenklicher Zeit im Haus eingesperrt. Die Bettbank unter dem Fenster war ihr Winteraufenthalt; abends öffnete sie ihnen ihr Daunen-inneres, den Tag verbrachten sie auf dem blankgeriebenen Deckel. Ihre Spielsachen verwahrten sie auf dem Fensterbrett, Jeppes gefundene Kostbarkeiten, hübsche Steine und dergleichen, und Laurines Schätze aus Wolleresten und buntem Papier. Karen Marie, die noch so klein war, besaß nichts.

Als die Kinder gewaschen und gekämmt waren und ihre Staatsbluse anhatten, begann die Mutter den Tisch mit einem weißen Tuch zu decken, und sie mußten unbeschreiblich artig sein, um keinerlei Störung zu verursachen. Die Grütze, die heute ganz weiß war, aus viel feinerem und teurerem Grieß als sonst, warf dicke Blasen im Topf und sagte Püh, wie um sich die größte Mühe zu geben, damit sie gut würde. Und die Mutter war so still und schweigsam. Als Törve Christen von der Arbeit heimkam und seine lange Gestalt unter dem niedrigen Balken bückte, sah er seine drei Sprößlinge in einer Reihe hinter dem weißen Tisch auf der Bettbank sitzen, drei Paar winzige Holzschuhe hervorlugen, er sah drei saubere Festblusen und drei blonde Haarschöpfe in dem spärlich erhellten Raum.

Stille senkte sich über die Stube. Während das Essen fertig kochte, waren die drei Kleinen Zeuge, wie ihr Vater sich wusch, ja, er wusch sich auch die Haare; um dem Fest alle Ehre anzutun, ergab er sich ins Unvermeidliche. Dann aßen sie, zuerst die feine Grütze, danach gebratenes Fleisch und Kartoffeln. Es war ihnen so wohl zumute. Irgendwo war etwas für jedermann Einschneidendes geschehen, so daß alle Stuben leuchteten, mochten sie noch so eng sein. Törve Christens Anteil waren drei fröhlich blickende Kinder, die jedes mit einem fettbrutzelnden Stück Fleisch in den kleinen Fingern an seinem Tisch saßen. In der Stube war man geschützt. Die Mutter hatte eine Überraschung hinter der Ofenklappe, sie hörten es dort sieden und brodeln. Die Kerze auf dem Tisch vergoldete die Stube, die so erfüllt war von sittsamem Frieden.

Da wurde eine Fensterscheibe eingeschlagen. Die Scherben fielen Laurine in die Haare. Die Mutter brach in einen Jammerschrei aus. Törve Christen blickte auf und sah in der zerbrochenen Scheibe einen Torfstecher funkeln. Er erhob sich zu voller Länge, sein stoppelbärtiges Gesicht war leichenblaß. Draußen ertönte die laute, ganz alltägliche Stimme des Klinkermannes: «Nun sollst du beim Satan geteert werden, du heiliger Bonifatius ...»

Törve Christen hatte sich längst einen Speer machen lassen, weil der Klinkermann ihm den Tod angedroht hatte. Jetzt nahm er den Speer vom Balken und ging zur Tür.

Der Kampf fand in dem kleinen Vorraum statt. Der Klinkermann hatte die Haustür geöffnet und wollte hinein, aber Törve Christen verwehrte es mit dem Speer. Der Klinkermann überschüttete ihn mit einem Hagel von

Schimpfwörtern, konnte aber mit dem Torfstecher nicht an ihn herankommen. Lange änderte sich nichts. Da sah der flinke kleine Klinkermann seinen Vorteil und führte mit dem scharfen Spaten einen Schlag gegen Christen. Es war übelgesinnt gemeint, und Törve Christen, ein schwerer und ungelenker Mann, entging dem Hieb nur mit knapper Not. Er hatte trotz allem nicht geglaubt, daß es dem Klinkermann ernst war. Er begann zu zittern.

«Nimm dich in acht!» sagte er weinend. Und als der Klinkermann Anstalten traf, abermals zuzuschlagen, warnte er ihn besorgt: «Nimm dich in acht! Sonst stoße ich zu!»

«Das wagst du nicht, du Prophet!» spottete der Klinkermann. Er schimpfte, aber in seinen Augen war ein solcher Haß, und er verhaspelte sich, so daß er nicht richtig sprechen konnte. Auf einmal verstummte er, und anstatt zu schelten und häßliche Worte zu gebrauchen, rückte er seitwärts näher und lauerte mit dem Spaten ... und da merkte Törve Christen, daß ihm der Klinkermann gefährlich wurde. In seinem Kopf brauste und drehte es sich. Der klare Frosthimmel draußen, die Tür, die von einem bösartigen, blutdürstigen Menschen belagert wurde, die Stube, die in einem Wirbel von Entsetzen und Kinderklagen hinter ihm lag, alles zusammen drehte sich, und es kochte in ihm. Und als der Klinkermann mit einer Grimasse gleich einem Schlächter plötzlich auf ihn zusprang, legte Törve Christen sein schweres Gewicht vornüber und durchbohrte ihm die Brust. Das Herzblut des Klinkermannes spritzte wie eine warme Suppe am Speerschaft entlang und versengte Christens Hände. Nach einem kurzen heftigen Todeskampf, bei dem der Klinkermann wie ein Schaf blökte, die Hände um den Speerschaft krampfte und auch mit den Füßen, auf dem Rücken liegend, das schneidende Eisen zu erreichen suchte, gab er den Geist auf.

Als es getan war, seufzte Christen und ließ den Tränen freien Lauf. Nachdem er sich eine Weile bedacht hatte, schleppte er den Toten ein Stück vom Hause weg, ehe er zu den andern hineinging. Eine Stunde später stand er im Flur des Gemeindevorstehers und zeigte sich selbst an. Er wurde in die Marktstadt abgeführt und in Haft genommen. Aber nach dem Verhör wurde er ja freigesprochen.

Gustav Wied

FROHE WEIHNACHT, SCHÖNE WEIHNACHT...

Am Weihnachtsabend waren wir 'zum Baum' bei der Familie Larsen. An sich war das nicht geplant gewesen. Wir wollten unseren Gänsebraten in Einsamkeit verzehren und bei Grog und Havannazigarren zu dritt Lomber spielen. Ich hegte die wahnwitzige Hoffnung, mir auf diese Weise vielleicht die siebzig Kronen zu verschaffen, die ich am ersten Januar punkt zwölf Uhr bezahlen mußte.

Vormittags aber wurden wir von der Familie im oberen Stock angefragt, ob wir nicht Lust hätten, um sechs Uhr den Weihnachtsbaum zu sehen, es wären auch einige Kinder dabei.

Ich stimmte für das Lomberspiel, doch die beiden andern, die ein tieferes Gemüt hatten, wollten unbedingt den Weihnachtsbaum mitsamt den Kindern erleben. Und dabei blieb es.

Es schlug sechs Uhr, und wir erhoben uns. Den Gänsebraten hatten wir schon um vier gegessen und uns dann mit Kaffee und Kognak ausgeruht, einer auf dem Sofa, einer im Schaukelstuhl und einer auf der Chaiselongue im Winkel unter dem Bildnis der Urgroßmutter.

«Ach Gott, ja, ja, ja», sagte der Älteste, ein Jurist, in dessen Wohnung wir waren, «es ist schön im kleinen Dänemark!» Hierauf gähnte er und streckte sich, daß alle seine Gelenke knackten.

«Ja wahrhaftig», antwortete ich seufzend.

Aber der Jüngste, Gehilfe bei einem Kurzwarenhändler, sagte nichts, denn seine Liebste saß in Rödby.

Da hörten wir einen der Buben die Treppe herunterpoltern, und die Tür wurde aufgerissen.

«Er wird angezündet, er wird angezündet!» rief der Junge, faßte mich an der Hand und zog mich mit sich fort. Wir mußten die Küchentreppe hinauf, durch Küche und Schlafkammer und ins Eßzimmer. Hier standen steif und erwartungsvoll sechs bis acht Kinder.

«Drinnen wird angezündet», flüsterte der Knabe und zeigte auf die Portiere, die vor dem Wohnzimmer zugezogen war.

Jetzt kamen der Jurist und der Verlobte. Der Jurist ließ sich sogleich in einen Lehnstuhl fallen, nahm ein kleines Mädchen auf den Schoß und kitzelte es am Hals, so daß das Kind vor Vergnügen quietschte. Der Verlobte stellte sich abseits in einem Winkel auf und lächelte blaß über die Versammelten weg.

Der Türvorhang wurde aufgeschlagen. Und da stand der Baum mit all seinen brennenden Kerzen, so daß er mir in die Augen schnitt. Ich wollte sie mir mit dem Augenwasser befeuchten, das ich immer bei mir in der Tasche hatte, doch ehe ich mich's versah, hatte man mich an beiden Händen gefaßt, und rings um den Weihnachtsbaum ging es.

Nanu, dachte ich, so war das nicht gemeint.

Aber rundherum mußte ich. Und dann begannen die Kinder zu singen.

«Frohe Weihnacht, schöne Weihnacht...!» sangen sie.

Ja, ihr habt gut reden, dachte ich, ihr müßt am ersten Januar punkt zwölf Uhr keine siebzig Kronen bezahlen!

Der Jurist war ganz in seinem Element.

«Sing mit!» nickte er mir zu und keuchte mit rotem Gesicht.

«Mir fehlen die Mittel», erwiderte ich, «und ich bin heiser.»

Bald darauf hielt der Umzug, und man machte sich daran, vom Baum zu stibitzen.

Wenn nur siebzig Kronen für dich dabei wären, dachte ich, während ich eine kandierte Pflaume verzehrte. Und ich blickte zu dem Juristen hinüber, der für mich das Kapital vertrat. Ich hatte ihm von meiner großen Not geschrieben und ihm den Brief mit der Post am Tag vor Weihnachten zugestellt; aber er hatte den ganzen Tag keinen Mucks davon gesagt. Jetzt zwinkerte er mir schelmisch mit dem rechten Auge zu, während er einer Puppe in rotem Tarlatan, die eines der kleinen Mädchen bekommen hatte, eine Schleife unter dem Kinn zuband. Ich schöpfte Hoffnung.

Wenn es nur ein Paket mit siebzig Kronen gäbe, dachte ich, wie würde ich dann singen!

Der Verlobte drückte sich immerzu in den Winkeln

herum. Nun stand er eingeklemmt zwischen Bücherschrank und Klavier und riß einen Briefumschlag von Kabinettsformat auf. Sein Antlitz leuchtete in mildem Glanz. Nachdem er das Papier entfernt hatte, küßte er still das, was darin war. Seine Umgebung beachtete er nicht mehr.

Herrgott, dachte ich, er hat sicher Post aus Rödby! So jung sein wie er! Und ich wurde wehmütig gestimmt bei all der Freude ringsum und dem Schmerz in meinem zerrissenen Innern.

«Hier ist etwas für dich!» rief plötzlich neben mir eine Stimme. Und mein kleiner Freund von vorhin reichte mir ein Päckchen.

Ich befühlte es unruhig. Es war weich. Es konnte gut Zehnkronenscheine enthalten. Ich sah den Jurist an. Jetzt zwinkerte er schelmisch mit beiden Augen.

Frohe Weihnacht! Schöne Weihnacht! sang es in mir, als ich mit dem Auspacken begann. Etwas Blaugraues kam zum Vorschein. Es sind Zehnkronenscheine, es sind wirklich Zehnkronenscheine! dachte ich, und die Lebensfreude loderte jählings in mir auf. Auf einmal empfand ich das Schöne dieses alten Brauches mit Weihnachtsbaum, Gesang, Süßigkeiten und Paketen… Aber was war denn das? Das Graue war ja gar kein Papier, es war Wolle!

Ich blickte wieder zu dem Jurist hinüber. Er knisterte geradezu vor innerer Belustigung.

Ich zog den Gegenstand aus dem Papier, zog und zog. Und während ich zog, wurde mein Gesicht immer länger. Ich glaube, ich vergoß sogar eine stille Träne, als ich schließlich mit einem Paar Kniewärmer in der Hand dastand, grauwollenen Kniewärmern mit blauem Börtchen!

Der Jurist riß sie mir aus der Hand und eilte damit zu der Dame des Hauses.

«Ich habe sie selbst bestellt, Frau Larsen!»

«Wie hübsch», sagte Frau Larsen, «und mit gehäkeltem Börtchen!»

Alle Damen bewunderten die Arbeit, die Kinder vergaßen ihre Spielsachen, und sogar der Verlobte kam herbei, nachdem er das Mädchen aus Rödby in seine Brusttasche gesteckt hatte.

Ich aber stand verloren da. Es schien mir, als reihten sich alle Kerzen am Christbaum zusammen und schrieben mit Flammenschrift oben an die Decke: *Am ersten Januar punkt zwölf Uhr!*

«Freust du dich nicht darüber?» fragte der Jurist, als er mit den Kniewärmern zurückkam.

«Doch», antwortete ich und lächelte wie ein Wickelkind, das Bauchweh hat, «doch, ganz unbeschreiblich.»

«Du frierst immer an den Knien, sagtest du.»

«Ja, sehr.»

«An den Knien?» fragte er, und es dünkte mich, daß er zwinkerte.

«Ganz niederträchtig an den Knien», bekräftigte ich.

«Aber freust du dich nun wirklich darüber?»

«Weiß Gott», sagte ich und riß mich von meinen trübseligen Gedanken los, «ich freue mich! Hab vielen Dank, alter Freund, ich werde dir diese Überraschung nie vergessen.»

Der Jurist lächelte. Und ich glaube wirklich, er wandte sich schnell ab und entfernte sich von mir, um zu verbergen, wie sehr er sich ergötzte — diese Advokatenseele!

Ich hätte ihm seine infamen Kniewärmer ins Gesicht schleudern können. Und wäre er nicht weggegangen, ich glaube, ich hätte es getan!

Um halb neun war das Fest vorbei, wir gingen hinunter und setzten uns, um Lomber zu spielen.

Aber zuerst wollte mir der Jurist unbedingt die Hose ausziehen, um zu sehen, wie mich die Kniewärmer kleideten. Ich ließ ihn gewähren, weil ich dachte, meine Gefügigkeit könnte ihn erweichen; denn ich hatte die Hoffnung auf Hilfe noch nicht aufgegeben...

Hernach spielten wir also Lomber, und wir tranken Grog und rauchten Zigarren, und die Temperatur stieg. Die wollenen Kniewärmer kratzten und reizten mich, und die siebzig Kronen spielten in meinem Kopf Fangen. Die Augen des Juristen leuchteten wie zwei Glühbirnen, und sein Schnurrbart wippte vor Wohlbehagen. Der Verlobte holte bisweilen seinen Gegenstand aus der Brusttasche und versank in Betrachtung. Ich aber braute Grog und braute Grog, und ich trank und trank auf das Wohl des Vaterlands, auf eine verbesserte Rechtspflege, auf die Eisenbahnstrecke nach Rödby und auf alles zwischen Himmel und Erde. Und es gelang mir wirklich, die siebzig Kronen allmählich zwar nicht ganz zu vergessen, aber den ersten Januar in eine unabsehbare Zukunft zu schieben. Zum Schluß mußten mir der Jurist und der Verlobte unter die Arme greifen und mich mit vereinten Kräften auf mein Schmerzenslager legen...

Dann machte ich einen Morgenspaziergang auf der Landstraße, die aus der Stadt über einige Hügel weit, weit hinaus in die Welt führte.

Überall lag Schnee. Die ganze Erde war eine weiße Fläche, der Himmel war grau, und ich hatte Kopfweh.

Das heißt, es war kein eigentliches Kopfweh, sondern irgend etwas stimmte da oben nicht. Es gab etwas, woran ich mich hätte erinnern sollen, das ich aber nicht in den Vordergrund rücken konnte.

Zwei kleine Bauernbuben in hellblauem Lodenanzug und mit Holzschuhen an den Füßen kamen mir entgegen. In dem weichen Schnee waren sie kaum zu hören, und ich fand sie auch ungewöhnlich klein, diese Bauernbuben; zwischen sich trugen sie einen ungeheuren Korb, aus dem ein Wildschweinkopf hervorragte.

Ha, jetzt soll wieder ein reicher Spießbürger gemästet werden! dachte ich.

«Fröhliche Weihnachten!» sagten die Bauernbuben und lüfteten den Hut. Ich sagte nichts, denn ich war schlechter Laune. Warum, konnte ich mir nicht erklären. Doch als ich an mir hinunterschaute, sah ich, daß ich keine Hose anhatte. Ich ging im Hemd und mit Kniewärmern im Schnee herum.

Dann ist es wahrhaftig nicht verwunderlich, dachte ich.

Hinter mir waren Schritte zu vernehmen.

Es war ein hochgewachsener Mann, der mich einholte.

«Frohes Fest!» sagte er.

«Was geht Sie das an?» versetzte ich und wollte ihn beschimpfen; aber er war schon vorbei, kehrte mir den Rücken und ging weiter.

Da mußte ich lachen, denn seine Beine waren sehr lang und in karierte Beinkleider gehüllt. Dazu war er O-beinig wie die Backen einer Kneifzange. Die Rockschöße reichten ihm nur bis zur Mitte des Rückens, und aus der einen Hintertasche ragte eine gewaltige Pfeifenspitze hervor. Um den Hals hatte er einen großen, blaugestreiften Wollschal. Die Enden des Halstuchs hingen vorn unter dem Rock hervor, und in dem runden Loch zwischen den O-Beinen sah ich zwei blaugraue Quasten baumeln wie die Gewichte einer Standuhr, und die Pfeifenspitze kam mir wie der Zeiger vor.

Plötzlich fiel mir ein, daß es im Grunde höchst unverschämt von diesem lächerlichen Menschen war, *mich* anzureden, und ich eilte ihm nach. Aber er legte auch los, so daß der Abstand zwischen uns gleich blieb.

«Hallo, Kamerad!» rief ich.

Doch der Mann verstand mich nicht.

«Wie spät ist es?» rief ich weiter.

Darauf wurde ich Zeuge einer Erscheinung, die mich übrigens gar nicht verwunderte: Die Pfeifenspitze bewegte sich langsam über sein Hinterteil und hielt erst an, als sie senkrecht zwischen den Knöpfen der Rockschöße stand. Danach hörte ich zwölf dumpfe Glockenschläge.

Schon so spät! dachte ich. Dann ist es sicher das beste, daß du nach Hause kommst.

Und ich ging heimwärts. Immer noch arbeitete etwas in meinem Kopf, woran ich mich nicht zu erinnern vermochte. Ich ging gebeugten Hauptes und betrachtete meine eigenen Füße, die in den weißen Schnee traten.

Sonderbar, daß du nicht frierst, dachte ich. Es muß Tauwetter sein.

Ich holte eine alte Frau ein, die mit einer riesigen Kapuze über dem Gesicht dahinschwankte.

«Frohes Fest!» sagte sie zusammenzuckend, als ich vorbeischritt.

«Alter Schuhlöffel», murmelte ich und erhöhte die Geschwindigkeit.

Aber sie packte mich am Hemd und hielt mich fest.

«Weib», sagte ich aufgebracht, «Sie verletzen mein Schamgefühl!»

«Ich bin eine arme Frau...»

«Sehen Sie nicht, daß ich kaum etwas am Leibe habe?»

«Einen kleinen Heller?»

«Mütterchen», sagte ich pathetisch, «glauben Sie, daß ich mit Kleingeld in den Kniewärmern herumlaufe?»

Und ich versuchte, mich loszureissen; aber sie hatte sich mit ihren krummen Fingern richtig festgehakt.

«Loslassen!»

«Eine alte Frau...»

«Wie alt?»

«Siebzig!» grinste sie.

«Sieb...» wiederholte ich, und da durchfuhr mich ein Schauder, «siebzig, am ersten Januar?»

«Ja...»

«Um... um punkt zwölf Uhr?»

«Ja, ja», nickte sie eifrig. Die Kapuze glitt fort, und ich gewahrte ein Männergesicht mit einer Feder im Mund und großer Hakennase.

Ich schrie laut und riß mich los. Aber der Mann packte mich wieder, und wir prügelten uns.

«Dich will ich lehren!» rief er und hämmerte mit seinen knochigen Fingern auf meinen Kopf. «Dich will ich lehren!»

Ich faßte ihn um den Leib und stellte ihm ein Bein. Und wir taumelten beide in den Graben. Ich kam zuunterst zu liegen. Und ich merkte, wie sich der kalte Schnee um meinen Körper legte. Ich schlug um mich, aber er drückte mir das Gesicht in den Schnee, so daß ich zu ersticken glaubte. Da raffte ich meine letzte Kraft zusammen und schrie heiser und verzweifelt: «Isaksen, Isaksen, Sie werden Ihr Geld schon bekommen!»

Da verschwand er. Ich richtete mich auf, rieb mir die Augen und trocknete mein nasses Gesicht.

Vor meinem Bett stand der Jurist mit einem leeren Wasserglas in der Hand.

«So ein Kater», sagte er.

«Bist du's?» fragte ich.

«Natürlich bin ich es! ... Was zum Teufel, trägst du die Kniewärmer im Bett? Jetzt sehe ich, daß du darüber froh bist!»

«Wir tranken wohl ... tranken wohl ... einiges gestern abend?»

«Allerdings! ... Und du hast beim Lomber gewonnen!»

«Wirklich?» fragte ich hellwach. «Wieviel?»

«Siebzig ...»

«Kronen?»

«Nein, nein, Öre, alter Junge, Öre!» sagte der Jurist, drehte sich um und ging aus dem Schlafzimmer.

Ich blieb im Bett sitzen und dachte: Das Leben ist sehr, sehr traurig, die Menschen verstehen mich nicht ...

Kurz darauf wurde die Schlafzimmertür vorsichtig geöffnet, ein Augenpaar zwinkerte schelmisch durch den Spalt, und ein tiefer Baß sprach:

«Auf, alter Junge, es scheinet die Sonne auf unsere Welt...

Isaksen, Isaksen, hier haben Sie ja Ihr Geld!»

Und dann flog ein länglicher, wohlgenährter Umschlag zu mir aufs Bett.

Nachdem ich mich überzeugt hatte, was er enthielt, dachte ich an den Weihnachtsbaum gestern abend und summte leise:

«Frohe Weihnacht, schöne Weihnacht,
Juristen machen's mit Bedacht!»

Steen Steensen Blicher

DIE DREI HEILIGEN ABENDE

I.

Wenn du, lieber Leser, jemals auf der «Schnabelhöhe» warst, wo in alter Zeit das Landsthing abgehalten wurde, konntest du von dort etwas weiter südlich ein Dörfchen mit zerstreuten Häusern sehen, das Uannet heißt. Hier leben und haben immer nur Bauern gelebt.

So lebte hier einmal vor ein paar hundert Jahren ein Mann namens Ib. Wie seine Frau hieß, vermochte ich nicht in Erfahrung zu bringen, aber das eine weiß ich: Er hatte eine einzige Tochter mit Namen Maren. Gewöhnlich nannte man sie Ma-Ibs. Sie soll hübsch und nett gewesen sein, dieses Mädchen, und wo sie ging und stand, blickten ihr die jungen Burschen nach; aber sie hatte nur Augen für Sejer. Auch er war das einzige Kind seiner Eltern, die ebenfalls in Uannet wohnten.

Was ich nun erzählen wollte: An einem Ostersamstag kam einmal ein Mann zu Ib. Er war wie ein Bauer gekleidet, im übrigen gutgewachsen, flott und keck, und er sah aus, als ob er um die dreißig wäre. Bei Ib kannte ihn niemand, doch er sagte selbst, er sei aus der Waldgegend von Silkeborg, habe kürzlich den Hof seines Vaters in Pacht übernommen und sei unterwegs gen Norden, um Kohle einzuhandeln. Silberknöpfe hatte er an Rock und Weste, so daß man gleich sah, daß er kein Habenichts war. Da gaben sie ihm zu essen und zu trinken, und währenddessen sprach er von diesem und jenem. So sagte er schmunzelnd zu Ib: «Meine Mutter wird alt, und ich sollte wohl bald eine heimführen. Könnt Ihr mich nicht auf die Spur zu einer tüchtigen Frau bringen? Geld ist nicht so wichtig, das wird schon gehen, aber sie sollte zugreifen können, und zu alt dürfte sie auch nicht sein.»

Ib war ein Schlauberger, der sich gern einfältig stellte; er kratzte sich hinter dem Ohr und antwortete: «Hm. So eine wächst nicht jeden Tag aus dem Heidekraut.» Er warf einen Blick auf seine Tochter und lachte verschmitzt. Der Tochter aber gefiel dieses Gespräch gar nicht; sie ging hinaus und machte sich draußen zu schaffen.

Als sich der junge Mann zum Gehen anschickte, fragten sie ihn nach seinem Namen. «Ja so», sagte er, «mein Vater wurde Ole Brotlos genannt, und ich werde wohl auch so heissen.»

Dann ging er; aber er war noch nicht weit gekommen, da traf er Ma-Ibs, die bei Sejer gewesen war, und er sagte zu ihr: «Es hat keinen Zweck, lange zu reden, ich bin nur deinetwegen hier. Pfingsten komme ich wieder, inzwischen kannst du es dir überlegen. Auf Wiedersehen!»

Ma-Ibs freute sich nicht über den Bewerber. Zu Hause setzte sie sich ans untere Tischende, legte die Hände in den Schoß und seufzte aus Herzensgrund.

«Was hat das zu bedeuten?» fragte der Vater.

«Ich mag den Waldmenschen nicht, wer er auch sein mag», antwortete sie. «Kann denn nie etwas daraus werden, daß Sejer und ich zusammenkommen?»

«Was nun?» sagte der Alte.

Damit war dieses Gespräch beendet. Vater und Tochter machten sich wieder an ihre Arbeit.

Kurz darauf kam Sejer herein. «Guten Abend», sagte er, und «Guten Abend», sagten sie. «Jetzt gehe ich zum Gut hinauf und spreche mit dem Herrn», sagte er, «denn es hat keinen Zweck, die Sache hinzuziehen.»

«Es bleibt beim einen oder beim andern», erwiderte Ib. «Der Herr ist böse auf dich, und du wirst Soldat werden müssen.»

«Schon möglich», sagte Sejer, «aber ich will noch einen Versuch machen.» Darauf ging er.

Als er nach Annsbjerg gelangte und durchs Tor schritt, begegnete er dem Herrn, der Jörgen Marsviin hieß. «Kommst du wieder wegen deiner Pacht?» sagte er. «Es nützt dir nichts, ich habe es dir oft genug gesagt.»

«Ach ja, Herr», antwortete Sejer, «ich bitte Euch inständig.»

Der Herr sah ihn zornig an und runzelte die Stirn, und jeder hätte gedacht, er würde auf Sejer losgehen und ihn prügeln. Aber er besann sich eines andern, blickte nicht mehr so erschreckend drein und sagte: «Hör zu! Es sind Räuber da, die schon lange geplündert und die Leute totgeschlagen haben, und es heißt, sie hätten ihre Höhle irgendwo hier auf der Heide. Wenn du sie findest und mir gefesselt bringst, brauchst du keinen Heller für deinen

Pachtbrief zu bezahlen, und du sollst Ma-Ibs bekommen und dazu einen Wagen und zwei Pferde. Jetzt weißt du Bescheid.»

«Gott sei mir gnädig!» sagte Sejer und schlich bedrückt davon. Er aß nichts an diesem Abend, und Ma-Ibs erging es nicht besser. Es war für beide ein unglückseliger Vorabend vor dem Fest.

2.

So verging die Zeit wie üblich von Ostern bis Pfingsten, und bei den jungen Leuten war alles beim alten geblieben: Sie verzagten nicht ganz, weil sie ihre Hoffnung auf die Zukunft setzten oder auf Ihn, der darüber gebietet.

Am Pfingstsamstag ging Sejer zu Ib hinüber — wie so oft, glaube ich —, um zu hören, ob Ma-Ibs morgen nachmittag nach dem Kirchgang mit ihm in den Annsbjerger Wald kommen würde. Es war nämlich ein alter Brauch in dieser Gegend — und ist es vermutlich heute noch —, sich am Pfingstsonntag im Grünen zu versammeln und beim Tanz zu vergnügen. Als Sejer an dem Samstag, von dem ich erzählen will, zu seiner Liebsten kam, hatte sie sich schon geschmückt.

«Guten Tag, Maren», sagte er. «Was soll's, daß du dich heute so schön gemacht hast?»

«Es ist mir in den Sinn gekommen», erklärte sie, «ich könnte heute zur gnädigen Frau gehen und sie bitten, beim Herrn für uns ein gutes Wort einzulegen.»

«Hm», sagte er, «vielleicht hast du Glück. Ich komme mit und warte draußen.»

Sie gingen. Während sie den Gutshof betrat, setzte er sich auf einen Stein bei der Einfahrt. Da kam ein Fuhrwerk mit einem großen Eichenstamm, der zum Sägewerk gebracht werden sollte. Aber die Pferde waren klein und müde, und vor dem Tor blieben sie einfach stehen. Der Fuhrmann — ein Bauer, der diesen Frondienst leisten mußte — peitschte die Gäule, doch sie vermochten den Wagen nicht mehr zu ziehen. Da eilte der Förster herbei und schalt, nach ihm der Stallmeister und zuletzt der ehrbare, hochgeborene Jörgen Marsviin. Und sie alle fielen über den Bauer her, weil er seinen Dienst mit solchen Schindmähren tat — es waren sicher die besten Pferde, die er besaß. Sejer sah dem Schauspiel zu und lachte im stillen über das Geschrei, das sie erhoben. Der Gutsherr merkte es und sagte zu ihm: «Was gibt es da zu grinsen?»

«Ich glaube», antwortete Sejer, «die Last ist nicht so schwer, als daß ich sie nicht allein ziehen könnte.»

«He, ausspannen!» rief der Gutsherr dem Fuhrmann zu. Als dies geschehen war, sagte er zu Sejer: «Jetzt ist es an dir! Wenn du den Wagen ziehen kannst, schenke ich dir das, was darauf liegt. Kannst du's nicht, so bekommst du das Holz auf dem Hintern zu fühlen.»

Da entschuldigte sich der Bursche und sagte, er habe nur Spaß gemacht. Aber der Gutsherr erwiderte, er werde es ihm schon abgewöhnen, mit ihm zu spassen, und eines von beidem müsse Sejer nun tun.

«Jaja», sagte Sejer, «wenn ich muß, dann muß ich eben.» Darauf ging er zum Fuhrwerk, packte die Deichsel, stemmte sich vor und zog — und der Wagen folgte ihm; aber seine Holzschuhe zerbrachen, so hart trat er auf.

«Du bist kein Weichling», sagte der Gutsherr, der selbst keiner war; denn man erzählt noch heute von ihm, daß er beim Ausreiten einen Eisenring am Torbogen fassen und sein Pferd mit den Beinen vom Boden hochheben konnte. «Nimm also den Baumstamm und sieh zu, wie du ihn nach Hause schaffst! Und was die Pacht betrifft, so werden wir ja sehen.»

Sejer freute sich. Er bedankte sich, wälzte den Eichenstamm vom Wagen, setzte sich darauf und schaute durchs Tor nach seiner Maren aus. Es dauerte eine Ewigkeit, bis sie kam. Sie sah mitgenommen aus.

«Gott steh uns armen Menschen bei!» sagte sie, und sie war den Tränen so nahe, daß sie die Worte kaum hervorbrachte. «Wir werden uns nie kriegen.»

«Da sagst du etwas Schlimmes», antwortete Sejer. «Der Herr hat es mir hier draußen halb und halb versprochen — was ist denn jetzt mit ihm los?»

«Die gnädige Frau auch», sagte sie, «aber hör nur, was für ein Glück ich hatte. Als ich die Treppe hinauf und in den kleinen Gang kam, trat mir ein Vornehmer entgegen und schaute mich an — ich konnte nicht an ihm vorbei, denn er versperrte mir den Weg —, und er sagte: 'Du bist' — und dabei fluchte er — 'das hübscheste Mädchen oder Weib, was du auch sein magst, das ich hierzulande jemals gesehen habe. Hör zu! Willst du mich liebhaben?'—'Nein', sagte ich, 'das darf ich nicht.' — 'Wenn du willst, dann darfst du', sagte er. 'Ich bin Baron...' Seinen Namen habe ich vergessen . 'Komm heute abend hierher, mein Diener wird auf dich warten und dich zu mir führen.' — 'Nein', sagte ich, 'das ist Sünde — ich habe auch einen Liebsten, den ich nicht betrügen will.' — Da holte er eine Handvoll Münzen hervor und hielt sie mir hin, aber ich schlüpfte an ihm vorbei ins Zimmer der Herrin. Sie war sehr gnädig zu mir, und der Herr kam hinzu, und es schien, als wollte er mich erhören. Doch dann kam dieser Baron herein und paßte auf. Schließlich sagte er: 'Wenn es ein ordentlicher Bursche ist, der sie haben will, sollte er sie nicht bekommen; denn sie ist ein liederliches Ding. Ich sah sie draußen im Gang mit einem Diener schöntun.' Nachdem mich der Lump so verleumdet hatte, schalten mich der Graf und seine Frau und befahlen mir, mich wegzuscheren und ihnen nie mehr unter die Augen zu kommen.»

«Mein Gott, Maren!» sagte Sejer. «Ist das der Lohn für deine Tugendhaftigkeit und deine Treue zu mir? Aber der Herrgott wird uns beistehen! Wir wollen uns nicht ärgern, ich fühle es, daß wir uns doch noch kriegen werden, und wenn es so viele Herrschaften wie Blätter im Annsbjerger Wald gibt!»

Ma-Ibs seufzte, als ob ihr das Herz bräche, sagte aber nichts. Er sprach auch nicht mehr viel, bis sie in Uannet anlangten und sich trennen mußten. Da sagte sie: «Gute Nacht, Sejer, und hab Dank.»

«Ich danke dir, Maren», antwortete er. «Du hast meinetwegen zu leiden. Ich fürchte, ich kann es dir nie vergelten — möge es der Herrgott tun!»

«Willst du morgen zum Tanz in den Wald gehen?» fragte das Mädchen.

«Willst du?» fragte er zurück.

«Nein», erwiderte sie, «ich habe keine Lust.»

«Ich auch nicht», sagte er.

«Also gute Nacht», sagte sie und gab ihm die Hand.

«Gute Nacht», sagte er, und damit trennten sie sich.

Aber der armen Maren harrten noch mehr schlimme Dinge, bevor sie sich zur Ruhe legen konnte. Als sie heimkam, saß er da, der Waldmensch Ole Brotlos. «Kommst du endlich, mein kleines Mädchen», sagte er. «Hast du es dir überlegt?»

«Was?» fragte sie.

«Hast du es etwa vergessen?» sagte er. «Es ist nicht länger her als Ostern — es ging ja darum, zu mir zu ziehen. Schau her! Damit du nicht glaubst, ich freie mit Dünnbier und trockenem Brot, habe ich dir ein Verlobungsgeschenk mitgebracht.» Er legte eine schwere Silberkette mit einem Silberherz als Anhängsel vor sie hin. «Wenn du diejenige, die das getragen hat, als sie noch lebte, gekannt hättest, dann hättest du sie keine Trine mit nichts im Strumpf gescholten.»

Bei diesen Worten sah er den Vater mit so sonderbarer Miene an, daß Ma-Ibs von heimlicher Angst ergriffen wurde. Der Alte stutzte und wußte nicht, ob er seinen Augen trauen durfte; keiner von ihnen brachte ein Wort hervor.

«Na, willst du sie haben?» fuhr Ole fort.

«Nein», stammelte das Mädchen und wollte hinaus, um beim Liebsten Trost zu suchen; aber der schreckliche Freier packte sie mit der einen Hand am Arm und sagte, während er mit der andern den Schmuck einsteckte: «Wenn ich das drittemal komme, will ich kein Nein hören.» Ohne sich zu verabschieden, nahm er Mütze und Stock und ging seines Weges.

«Jetzt kommt der Junge mit den Kühen», sagte Ib.

Ma-Ibs begab sich hinaus und setzte sich auf den Schemel, um zu melken. Aber sie sang nicht wie sonst bei dieser Arbeit. Sejer tränkte die Pferde seines Vaters, aber er pfiff nicht, wie er es sonst zu tun pflegte. Auch dies war für beide ein unglückseliger Abend vor dem Fest.

3.

Es dämmerte, als sich ein alter Bettler nach Uannet schleppte, um im Namen Gottes eine milde Gabe zu erbitten. So kam er auch zu Ib. Sie forderten ihn auf, sich bei der Küchentür hinzusetzen, dann werde er wohl etwas zu beißen und ein wenig in seinen Sack bekommen.

Nachdem er es erhalten hatte, jammerte er, es sei schon spät und so kalt, daß er an diesem Abend nicht weiter könne, und er bat um Obdach. Sie bejahten und zeigten ihm den Ofen, der vom Backen noch warm war. Der Alte kroch hinein und legte sich hin.

Der Tag neigte sich. Sie hatten die süße Grütze und alles, was es danach gab, gegessen, die Tiere bekamen ihren letzten Bissen, und nachdem die Haustür verriegelt worden war, sangen sie wie üblich ein Weihnachtslied, ehe sie sich anschickten, zu Bett zu gehen.

Nun aber sollt ihr hören, was der Bettler machte: Er kroch aus dem Ofen, entriegelte die Haustür, und kaum hatte er das getan, da erschienen fünf starke Kerle. Hinein in die Stube ging's und mit ihnen der Bettler, der nun ebenso so flott gehen konnte wie sie.

Ich will es euch sagen: Das waren die Räuber, die Sejer dem Grafen von Annsbjerg gefesselt hätte bringen sollen, und der Bettler war der Vater der fünf Halunken. Es sah schlimm aus für die arme Familie Ib. Der Mann, seine alte Mutter und seine Tochter erschraken sehr, denn sie dachten, ihre letzte Stunde habe geschlagen, und es bliebe ihnen keine Zeit mehr, um ihr Leben zu flehen.

Der größte und älteste der Räuber — und das war justament der Waldmensch — führte das Wort und sagte: «Bringt erst einmal alles, was ihr habt! Dann können wir über das andere sprechen.»

Ma-Ibs faßte nach der Türklinke, aber der Räuber sagte: «Bleib du nur hier und laß das alte Weib die Sachen holen! Sonst kommt es dir vielleicht in den Sinn, wegzulaufen, und wir möchten doch etwas von dir haben und uns ein bißchen vergnügen, wenn wir gegessen und getrunken haben.»

Das Mädchen sank auf einen Stuhl, nahe daran, vor Entsetzen ohnmächtig zu werden. Ib saß auf dem Bettrand, faltete die Hände und betete zum Herrgott, der ja die Macht hat, zu retten, wen er will. Die alte Frau trug alles auf, was es im Hause zu essen und zu trinken gab, und es war wirklich erstaunlich, daß sie es vermochte.

Nun sollt ihr aber noch mehr hören. Ib hatte einen Hütejungen, so ein halberwachsenes Kerlchen. Er lag hinter dem Kachelofen auf der Bank und hörte alles mit an. Ganz leise zog er sich Strümpfe und Hose an und schlich mit der alten Frau hinaus, als sie einmal die Stube verließ, um das Licht anzuzünden, das einer der Räuber versehentlich gelöscht hatte. Und hinüber zum andern Hof, hinein zu Sejer, dem er berichtete, wie es bei ihnen stand. Sejer brauchte nicht lange, um Pläne zu schmieden. «Nimm unser Pferd mit den Mauseohren», sagte er, «und reite so schnell wie möglich nach Annsbjerg! Sag ihnen, was los ist, sie sollen schnell herkommen, dann können sie vielleicht alle Räuber fangen, bevor sie abziehen.»

Der Junge hinaus, aufs Pferd und davon. Sejer ergriff ein Hackbeil und eilte zu Ib hinüber. Da saßen alle sechs Schurken auf einer Bank mit dem Rücken zum Fenster.

«Wer bist denn du?» riefen sie. «Du möchtest wohl den Bauch aufgeschlitzt haben?» Damit sprangen sie auf und wollten ihn greifen.

Aber er war rascher als sie, packte die Tischkante, kippte den Eichentisch und drückte sie mit der andern Kante an die Wand. «Jetzt werden wir ja sehen, ob ich euch den Bauch festklemmen kann», sagte er, und während er sie mit der einen Hand festhielt, holte er mit der andern aus und drohte, jedem, der sich rührte, den Arm abzuhacken. Der Älteste versuchte trotzdem, den Tisch wegzuschieben, aber er bekam sogleich einen Hieb, so daß ihm der Arm herunterbaumelte. Nun saßen alle mäuschenstill und baten Sejer, nicht so fest zuzudrücken.

Inzwischen hatte Ib Mut gefaßt, er nahm eine Axt und stellte sich damit neben Sejer, dessen Liebste mit einem Feuerhaken auf der andern Seite stand. So war es nun, und sie alle fanden die Lage unersprießlich: die Räuber, weil sie in der Klemme saßen und nicht wußten, was die Sieger mit ihnen vorhatten, und wann die Entscheidung fallen würde; und diese Ungewißheit verschlimmerte ihre Qual. Ib und seine Tochter schwebten in gleicher Ungewißheit, denn Sejer konnte ja nicht verraten, auf wen oder was er wartete. Und ihr könnt mir glauben, auch ihm wurde das Warten lang, denn wenn die Leute vom Gutshof zögerten oder gar nicht kamen — der Hütejunge konnte ja unterwegs vom Pferd gestürzt sein — was dann?

Endlich kam der Graf von Annsbjerg mit sieben oder acht Knechten, und er war nicht der letzte, als die Tür aufflog. Da standen sie nun: In der Stube war es still, und obwohl draußen der Mond schien, konnten sie drinnen nichts deutlich erkennen, weil die Kerze mit dem Tisch umgeworfen worden war.

Da rief Sejer: «Wo sind Zündspäne? Zündet ein paar am Kaminfeuer an!»

«Sie liegen beim Kamin», erklärte die alte Frau.

Nachdem sie die Kerze angezündet hatten, wurde es hell.

«Seht Ihr, Herr?» sagte Sejer. «Hier sind sie und können sich nicht rühren. Wollt Ihr sie besser fesseln, so hängen dort am Haken Führleinen, wie ich sehe.»

Sie nahmen die Leinen und schnitten sie in sechs Stücke. Dann holten sie einen Räuber nach dem andern hinter der Tischplatte hervor, fesselten ihnen die Hände auf dem Rücken, schnürten ihnen die Beine zusammen und warfen sie in einer Reihe auf den Boden.

Hierauf begann der Gutsherr mit dem Verhör: Woher sie kämen, wo sie ihre Höhle hätten, ob es ihrer noch mehr gäbe und so weiter. Aber er bekam kein halbes Wort aus ihnen heraus. Hierauf drohte er ihnen mit schrecklicher Folterung.

Da sagte der alte Räuber, nicht zu ihm, sondern zu seinen Söhnen: «Laßt ihn nur machen, was er will, denn jetzt hat er die Macht. Aber was er uns antut, das soll auch ihm und den Seinen geschehen, denn die drei daheim im Berg werden ihn und die guten Leute in Uannet nicht vergessen. Und jetzt haltet ihr den Mund, bis ihn der Schraubstock öffnet!»

Diese Drohung nützte ihnen nichts, denn nach den Feiertagen ließ Jörgen Marsviin sie auf die Folterbank legen, zuerst den Alten und dann die Jungen. Sie hielten die Marter aus, nur der Jüngste nicht. Er gestand alle ihre Missetaten und bezeichnete auch den Ort, wo die Höhle war. Selbigen Tages suchte man die Höhle auf und ergriff dort die Räuberfrau und die beiden Söhne, die dann mit den andern sechs gehängt wurden. In der Höhle wurde ein großer Haufen Silber und Gold gefunden, darunter ein Ring, in dem man das Eigentum des Barons erkannte, der mit seinen Lügenworten Ma-Ibs so sehr geschadet hatte. Nun wurde es wiedergutgemacht: Der Graf richtete ihre und Sejers Hochzeit selbst aus und hielt sein Versprechen; er schenkte ihnen sogar einen Teil der Kostbarkeiten, die in der Räuberhöhle gefunden worden waren.

Sejer der Starke — diesen Eigennamen erhielt er — lebte mit seiner Frau viele, viele Jahre. Und alle ihre Kinder und Kindeskinder wurden so genannt. Jetzt aber ist das Geschlecht ausgestorben, ebenso der adlige Name des Gutsherrn. Aber dieser Heiligabend, von dem ich erzählt habe, endete glücklich für alle in Annsbjerg, am meisten für die Leute in Uannet.

Herman Bang

EIN WEIHNACHTSABEND IN DER FREMDE

Es hat Schnee!» rief ich, als ich in der Wohnstube die Vorhänge aufzog.

«Nein zum Teufel!» schrie der Maler, der im Schlafzimmer aus dem Bett fuhr und spärlich bekleidet zum Fenster lief.

«Wahrhaftig, es hat geschneit», sagte er.

Es lag viel Schnee: Schneewehen auf der Straße, Schneehaufen vor den Türen. Massenhaft Schnee. Schnee und Schnee.

«Dann sitzen die Züge fest», sagte der Maler.

«Ja», antwortete ich.

«Sie kommen niemals über die Berge», sagte er.

«Niemals», bekräftigte ich und betrachtete die Dächer. Der Schnee lag wie Gebirgsfelsen auf den Dächern.

«Na ja, es sind ja noch vier Tage bis Weihnachten», sagte der Maler.

«Und die Post wird mit Schlitten befördert.»

Wir trösteten uns mit den Schlitten.

Es war in Prag. Wir wohnten vier Mann hoch in einer

Vorstadt — ein Maler und ich im zweiten Stock, ein Pianist und ein Student der Rechte im dritten. Für alle vier kochte die Hausmeisterin Suppe, die sie in einer Terrine auftrug. Wir waren alle vier gleich wohlhabend. Im dritten Stock gab man seine Armut zu, im zweiten verbarg man sie, so gut es sich machen ließ.

Darum hatte man auch im zweiten Stock schon im November — es ist gut, so etwas beizeiten zu tun — die vom dritten zum Weihnachtsabend eingeladen.

Wir hatten daraufhin Vorbereitungen fürs Fest getroffen. Im Ausland gewöhnt man sich allmählich an alles. Die Redaktionen merken nicht immer sofort, was man schreibt. Einiges landet im Papierkorb, und einiges kommt am Montag zurück. Und wenn die Redaktionen endlich etwas gemerkt haben, haben sie es nicht so eilig, das Honorar zu schicken. Die Postanweisungen kommen unregelmäßig, und manchmal lassen sie Monate auf sich warten.

Mit den Verlegern ist es nicht viel besser.

Wenn man im Ausland lebt, ist man einer — nun ja, das kann man zwar auch werden, wenn man in der Heimat bleibt —, der draußen steht.

So muß man sich beizeiten vorsehen.

Das hatten wir getan.

Ich war Feuilletonist für fünf Länder. Im letzten Monat hatte ich keines von ihnen verschont. Ich hatte in weihnachtlichem Schnee geschwelgt, während dichter Novembernebel über dem Hradschin lag, und ich hatte für alle die Familienblätter, die aufzutreiben waren, Festglocken erklingen lassen.

Auch sonst hatte ich keinerlei journalistische Arbeit

versäumt. Politik und soziale Fragen flossen reichlich aus meiner Feder. In den Zeitschriften war ich ernst gewesen, und für die leichteren Blätter hatte ich möglichst kurzweilig geschrieben. Journalisten gewöhnen sich ja mit den Jahren Vielseitigkeit an.

Einem deutschen Familienblatt, dessen Herausgeber seine Linie mit den Worten ausdrückte: «Sehr geehrter Herr, unser Blatt wendet sich an die Herzen», hatte ich Novellen abgeliefert. Die eine trug den Titel «Ophelia aus dem Dorfe», einen Titel, der Erfolg verdiente in einem Lande, wo man das große Repertoire so pietätvoll pflegt.

Der Maler hatte auch nicht auf der faulen Haut gelegen.

Seinen Absatzmarkt fand er in Berlin, und seine Spezialität waren Studienköpfe von Zigeunertypen. Noch nie hatte ich so schwarze Haare, noch nie so große Augen gesehen.

Er malte täglich ein Bild.

Es gab in ganz Berlin keine einzige Kunsthandlung, die nicht mit einem seiner Zigeuner geschmückt war.

Je näher Weihnachten kam, desto geringer wurden die Schönheiten des Formats und desto größer die Rahmen.

«So will man es haben», sagte der Maler, «so eignen sie sich besser als Weihnachtsgeschenk.»

Er malte das Leben an sich. Alle Schönheiten glichen einander.

«Aber das macht nichts», sagte er, «wenn man nur für Verbreitung sorgt.»

Er verbreitete sie, wie gesagt, über ganz Berlin.

Aber der Malerberuf ist ja immer unsicher. Am sichersten sind die Ausgaben für die Rahmen. Man muß sie im voraus bezahlen. Erst dann kann man die Bilder ausstellen, was ja nicht immer besagt, daß man sie verkaufen wird — sofort.

Das wußten wir. Und darum war ich mit meinen Zeitungen um so unbarmherziger.

Trotzdem freuten wir uns. Die meisten meiner Sachen waren angenommen, so daß wir uns in dem Stadium befanden, wo man Postanweisungen entgegensieht.

Ein Tag nach dem andern verging, ohne daß etwas eintraf. Auch die Redaktionssekretärin, die gewöhnlich die Honorarabrechnungen besorgt, hat vor Weihnachten Hochbetrieb, so daß sie kaum Zeit findet, sich mit Postanweisungen abzugeben.

Es wurde der fünfzehnte: Kein Honorar. Es wurde der achtzehnte: Noch immer keine Postanweisung. Was die Kunsthandlungen anbelangte, so verhielten sie sich beunruhigend ruhig.

Allmählich spannten wir mit der Arbeit ein wenig ab, der Maler und ich. Tagsüber schlenderten wir durch die Straßen, betrachteten die Schaufenster und überlegten, was wir unseren Gästen verehren wollten.

Denn es sollte ein richtiges Weihnachtsfest mit Baum und Geschenken werden.

Der neunzehnte neigte sich dem Ende zu. Der Postbote ging am zweiten Stock vorbei.

Am Abend sagte der Maler: «Du, das wäre ja reizend, wenn Schnee käme und keine Züge gingen.»

«Ja», antwortete ich gedehnt. An Schnee hatte ich schon selbst gedacht. Ich hatte mich daran gewöhnt, das Schlimmste zu denken.

Am einundzwanzigsten lag also morgens hoher Schnee. Es war ein armseliger Trost, daß ich damit gerechnet hatte.

Zuerst trösteten wir uns damit, daß Schneefälle örtlich bedingt sind. Doch dann berichtete die Zeitung, daß seit dem Jahre 1830 keine derartigen Schneemassen mehr aufs ganze Land niedergestürzt wären. In ganz Mitteleuropa war der Verkehr lahmgelegt.

Die folgenden Tage waren nicht gerade lustig. Wir sprachen nicht viel. Ich verwünschte die Redaktionen, als ob sie auch an dem Schneefall schuld wären.

Unsere Hoffnungen mußten wir nach und nach mit den Verhältnissen in Einklang bringen.

«Von Geschenken kann ja keine Rede sein», sagte der Maler.

Wochenlang hatten wir, offen gestanden — denn Erwachsene werden Kinder, wenn man draußen in der Fremde so vereint ist —, wegen der Geschenke beratschlagt. Es gab kaum einen Gegenstand, den wir nicht in Betracht gezogen hatten.

«Nein», antwortete ich, «davon kann keine Rede sein.»

«Aber weißt du», sagte der Maler, «vielleicht ist es sogar viel netter. Es wäre bloß rücksichtslos, wenn die andern nichts zu geben hätten... und sie können sich ja keine Geschenke leisten...»

Ich hoffte es.

Inzwischen schneite es weiter, und es blieb dabei bis zum Weihnachtsabend. Unsere Kasse enthielt einen Gulden und ein paar Kreuzer. Der Maler kramte in allen Westentaschen, wie er es in kritischen, geldlosen Augenblikken zu tun pflegte.

Er fand nichts. Er hatte wohl längst alles durchsucht.

Der alte Veith, der Mann der Hausmeisterin, der uns bediente, schlich unschlüssig in seinen Filzpantoffeln herum und wurde mit dem Aufräumen überhaupt nicht fertig. Der alte Veith trat auf den ganzen Fußballen auf und zog bei jedem Schritt die Knie hoch, als ob er sich fortwährend mit Vorbereitungen zu Turnübungen und Kniebeugen abgäbe.

Wenn er uns nicht bediente, befestigte er Fadenenden.

Die Hausmeisterin arbeitete mit zwei Schwestern für eine Hemdenfabrik. Die Nähmaschinen ratterten die langen Säume herunter. Der Hausmeister befestigte die Fadenenden. Diese weibliche Beschäftigung hatte ihm mit der Zeit gewisse Handbewegungen verliehen, als ob er immerzu die Nadel durch ein Stück Stoff stäche.

Jetzt ging er verlegen umher, zog die Knie hoch, machte ein besorgtes Gesicht und wollte etwas sagen, brachte es aber erst heraus, als er in der Tür stand, wo er sich am Rahmen rieb, als ob es ihn schüttelte.

«Es ist wegen des Baumes», sagte er endlich und wurde kupferrot, der arme Kerl, «ich dachte mir ... meine Frau dachte sich, ja, vielmehr meine Frau dachte sich, ob ich nicht ... ob wir nicht den Baum kaufen sollten, denn ich kenne mich ja aus, und so Fremde ... so Fremde ... die werden nur ... die bezahlen wohl das Doppelte ...»

Der Alte konnte nicht weiter, er war so rot wie Blutstropfen.

Wir begriffen, daß er uns bei dem Baum helfen wollte.

«Also abgemacht», sagte er. Er war etwas kühner geworden, als er merkte, daß wir sein Angebot annahmen.

Wir schwiegen lange, nachdem er gegangen war.

«Je nun, morgen kann ja Post kommen», sagte der Maler.

«Ja-a», antwortete ich.

Keiner von uns erwartete im Grunde noch Post.

Im Treppenhaus wurde gesungen und gelacht. Das waren die vom dritten Stock, unsere morgigen Gäste: Sie schienen schon in Feststimmung zu sein.

Im zweiten Stock wurde in dieser Nacht nicht viel geschlafen. Um sieben Uhr früh hörten wir den Postboten. Wir hatten nichts anderes erwartet: Jetzt ging er langsam an unserer Tür vorbei.

Nichts, nichts.

Wir schwiegen. Und wir hörten den Postboten hinunterstampfen, und der Hausmeister schlich auf seinen Filzschuhen herein. So leise hatte er sich noch nie bewegt.

Je nun, da konnten wir ja aufstehen und Weihnachten feiern.

Mit unserer Kasse: *ein* Gulden.

Als wir das Schlafzimmer verließen, nahmen wir Tannenduft wahr. In der Diele stand der Baum. Er stammte sicher von einem Waldesrand, denn er sah aus, als ob ihn mancher rauhe Sturm gezaust hätte.

«Der Trottel», sagte der Maler, der an Veith dachte. Wir betrachteten das schiefe Ding. Wir wußten nicht, wie wir daran etwas aufhängen sollten.

Der alte Veith kam dazu. Er hielt den Kopf schräg und sagte: «Ein hübscher Baum, richtig hübsch. So ist es eben, wenn man sich auskennt.»

«Ja, richtig hübsch», sagten wir mit belegter Stimme.

Der Baum wurde im Wohnzimmer auf den Tisch gestellt. Dort stand er in seiner Kahlheit.

Es klingelte, und wir fuhren zusammen. Obwohl der Postbote weggegangen war, dachten wir: Vielleicht ist es doch die Post.

Es waren unsere Gäste vom dritten Stock. Sie wünschten uns frohe Weihnachten — sie strahlten übers ganze Gesicht — und fragten, wann sie kommen sollten.

Ich sagte: «Nun ja ... um acht Uhr.» Und der Maler bat sie herein.

Aber sie wollten uns bei den Vorbereitungen nicht stören ...

Das mit den Vorbereitungen war gelungen.

Der Maler sagte: «Es muß etwas geschehen.»

«Ja», antwortete ich, ohne einen Einfall zu haben.

Der Maler sagte: «Man kann ja Watte auf die Zweige legen.»

«Ja», gab ich zurück, «aber es gehören Kerzen dazu.»

Sinnend sagte er: «Man könnte einen Wachsstock benutzen.»

«Ja», stimmte ich zu.

Vom Essen sprach keiner. Wir wußten, daß es ums Essen verzweifelt stand. Denn wir hatten das Fest auf dänische Weise mit Gänsebraten und Süßigkeiten feiern wollen — und das hatten wir unseren Gästen gesagt. Schon im November.

Der Hausmeister ging weiter ein und aus. Seine Augen schweiften vom einen zum andern. Wir hatten ihn ein wenig satt. Die Lage war nicht so, daß man sie gern mit Fremden teilte.

«Sie haben heute viel Zeit, Veith», sagte der Maler. Auch wir hatten viel Zeit. Jeder saß einfach auf seinem Stuhl und starrte den schiefen Baum an.

«Ja», stammelte Veith, «heute... heute nähen wir nicht.» Dann fügte er hinzu: «Mutter kocht ein Festessen.»

Und plötzlich brach er in einen Wortschwall aus: Sie koche Karpfen, Karpfen blau koche sie. «Das ißt man hier am Weihnachtsabend, auch bei den feinsten Leuten... mit Backpflaumen... ja, das kocht sie... Sie kann ihn übrigens auf alle mögliche Weise kochen, noch aus der Zeit, als wir eine Kantine hatten... Und in Sülze schmeckt er auch köstlich...»

Das war eine lange Rede für den Hausmeister.

«Ja», sagte der Maler (wir hatten kaum die Hälfte gehört), «in Sülze ist er sicher gut.»

Der Hausmeister nahm einen Anlauf: «Ja, das ist nämlich so...Meine Frau meinte, Sie könnten Karpfen essen... Sie sollten merken, daß Sie in Böhmen sind... Das dachten wir...» Außer Atem sagte er: «Mutter hat uns deswegen heute nacht geweckt.»

Ich glaube wahrhaftig, wir hatten beide Tränen in den Augen, der Maler und ich. Wir hatten ja verstanden: Es wurde nicht genäht, weil die Hausmeisterin kochte — für uns Fremde kochte.

«Ja, danke. Das wäre wirklich lustig... sehr lustig... einmal nach böhmischem Brauch Weihnachten feiern.»

Das sagten wir. Und wir dachten: Die Gäste sind ja zum Glück Böhmen. Ich war nicht ganz sicher, ob Karpfen mit Backpflaumen auch Ausländern schmeckte.

Veith strahlte und lief hinaus und herein. Er war wie ein

Sieger auf dem Schlachtfeld. Die Tür zur Pförtnerstube ließ er offen. Koch- und Backgeruch zog durchs ganze Haus.

Der Maler nahm unseren Gulden und kaufte Wachsmasse.

Veith rumorte herum und zog die Knie hoch.

Er sprach davon, daß sein Schwiegersohn Eisenbahnschaffner war. Bei der Nordbahn.

Ja, das wußte ich.

«Das ist übrigens eine gute Stellung bei der Nordbahn... wegen der Bäder. So Badegäste sparen nicht an einem Groschen, wenn sie allein in einem Abteil sein wollen.»

«Nein, natürlich nicht.»

«Außerdem haben sie einen Verbraucherverein», sagte er unvermittelt.

«Einen Verbraucherverein?» wiederholte ich, obwohl es mich nicht sonderlich interessierte.

«Ja, und sie bekommen alles... den besten Wein... aus Tropau. Sie wissen ja, das ist der beste Wein, reiner Wein... Sie bekommen ihn für dreißig Kreuzer.» Er kehrte mir den Rücken. «Ja, wir haben noch ein paar Flaschen... wenn...»

So geschah es, daß wir auch zu Wein kamen—zu dreißig Kreuzer die Petroleumflasche, vom Verbraucherverein der Eisenbahnschaffner.

Der Maler kehrte zurück, und ich berichtete es ihm.

«Das wird ja ein gemeinschaftliches Festessen», sagte er.

«Na ja», antwortete ich, «aber wir haben eigentlich nur die Watte beigesteuert — und das Wachs.»

Von einem alten Rittermantel, den der Maler unter seinen Sachen hatte, trennten wir Golddraht ab; das wurde der Flitter für den Baum.

Veith lief weiter herauf und hinunter, herein und hinaus. Er war so geräuschvoll, und er meinte es so gut. Er brachte Gläser, und er brachte Flaschen: Wir mußten unbedingt den Wein der Eisenbahnschaffner kosten.

Er stieß mit an und sagte: «Meine Tochter bekommt ihn jedesmal nach der Niederkunft zur Stärkung.»

Wir lachten — zum erstenmal — und leerten die Gläser.

Der Maler bestreute die Zweige mit Watte und hängte den Flitter auf. Es sah ein bißchen armselig aus. «Zum Teufel», sagte der Maler, «von dem Wachsstock ist nicht viel zu sehen.»

Er hatte recht.

Ich wußte nicht, warum, aber der Hausmeister wollte unbedingt, daß wir mit ihm ins Untergeschoß gingen. Wir müßten uns die Karpfen anschauen, erklärte er, und Mutter habe auch gebacken.

Da wir es dem Alten nicht gut abschlagen konnten, folgten wir ihm.

Unten hatte die Hausmeisterin die Nähmaschinen in einen Winkel geschoben und einen sauber geschrubbten Tisch mitten auf die Straße gestellt. Sie kochte und schmorte, so daß sie ganz in Dampf eingehüllt war.

Der Hausmeister schlich ab und schloß die Tür hinter sich.

«Ja, das ist eine Veränderung», sagte die Frau und lachte über ihr rundes, gutes Gesicht. «aber Feste muß man feiern.»

Darüber redete sie eine ganze Weile, bis sie plötzlich in ärgerlichem Tone sagte: «Veith ist ein alter Dummkopf.. Da hat er mir doch einen Zehnguldenschein in die Hand gedrückt, einfach so. Dafür muß beim Krämer noch eingekauft werden, und wir haben doch keine Zeit! Nun müssen Sie sich aber beeilen.»

Wir traten zu ihr und ergriffen ihre Hände.

«Ja», sagte sie geschäftig, «ich mache zweierlei Karpfengerichte, so daß Sie wählen können. Das hier ist also Karpfen blau...»

Sie blieb bei ihren Fischen, von etwas anderem wollte sie nichts hören.

Wir stiegen wieder die Treppe hinauf — mit dem erhaltenen Schein. Es dunkelte. In der Stube stand der Baum mit der weißen Watte. Der alte Veith deckte den Tisch.

Wir gingen aus, um für die zehn Gulden der Hausmeisterin einzukaufen. Wir beschlossen, Kerzen zu nehmen und richtigen Flitter, um die viele Watte ein wenig aufzuputzen.

Wir kauften vorsichtig wie arme Leute, die auf dem Boden ihrer Geldbörse angelangt sind.

Als wir den Laden verließen, sagte der Maler: «Du, wir müssen noch etwas aufsparen, es kommen noch mehr Tage, und wer weiß, wann wir Geld bekommen werden.»

Sicher geschah es zum erstenmal in seinem Leben, daß er an den nächsten Tag dachte. Aber in der letzten Zeit hatten wir ja wirklich sparsam gelebt.

Ich meinte, wir müßten alles Geld ausgeben: Die Hausmeistersleute hatten solche Freude daran, als ob es ihr eigener Weihnachtsbaum wäre.

Als wir nach Hause kamen, war es dunkel.

Der Maler erzählte von Weihnachten in seiner Heimatstadt in der Mark Brandenburg. Um vier Uhr früh wurden die Kinder geweckt, und dann gingen sie mit großen Wachslichten in den Händen durch die Straßen zur Kirche. «Wie achteten wir darauf, daß die Kerzen nicht ausgeblasen wurden. Ganz behutsam traten wir auf und sahen mit großen runden Augen auf die Flamme. Dann sangen wir Weihnachtslieder, als wir uns der Kirche näherten.»

Er erzählte weiter von seiner Heimat und seiner Kindheit.

Ich hörte wohl nur halb zu und dachte an meine eigene Heimat. Auf einmal sagte ich: «Du, ob man vielleicht ein Telegramm bekommt?»

«Hast du denn einen Menschen, der dir telegraphieren könnte?»

«Ach ja», sagte ich und dachte: Früher waren es viele.

«Na, ich habe keinen», sagte der Maler.

Danach schwiegen wir eine Weile.

Veith weckte uns. Er kam mit zwei brennenden Kerzen in alten Dubleeleuchtern. Er sagte, auf dem Tisch müßte doch Licht sein.

Bald war es auch soweit, daß wir unsere Gäste erwarten konnten.

Die brennenden Kerzen beleuchteten den gedeckten Tisch. Der Eindruck war erträglich.

Alle Schüsseln der Hausmeisterin wurden gebraucht. Sie waren, wie Veith erklärte, bei einer «Gelegenheit» gekauft worden, und sahen aus, als hätten sie ein bewegtes

Dasein hinter sich. Das Tischtuch war zumindest reichlich, es hing auf allen Seiten bis auf den Boden hinunter, und es war grob wie eins der ehelichen Bettücher.

Die Gäste klingelten. Sie waren festlich gekleidet und strahlten.

Wir tauschten Weihnachtsgrüße aus — mir saß das Herz im Halse — und sagten, es sei doch ein böhmisches Weihnachtsfest geworden — im Hinblick auf Frau Veiths Kochkunst.

Veith öffnete mit einem «Gesegnete Mahlzeit» die Eßzimmertür, und wir gingen alle zu den Karpfen hinein.

Anfangs war es ein bißchen still. Die Böhmen aßen, und wir Wirte blickten meistens ein wenig geistesabwesend auf die vielerlei Teller.

Der alte Veith war wie in einem Rausch. Er brachte so gewaltige Schüsseln herein, als ob er noch seine Kantine hätte und eine halbe Division füttern müßte. Bei jeder neuen Schüssel, die er brachte, glänzte sein Gesicht, als ob er einer Kinderschar die Tür zum Weihnachtsbaum aufmachte.

Er bot die Karpfen herum — Karpfen sauer und Karpfen süß — und plauderte: «Ja, ja, Herr Pianist, Sie wissen wohl, daß es eine tschechische Mahlzeit ist... Ja, ja, Karpfen ist ein Festessen...» Er nötigte uns unentwegt, seinen blauen Fisch zu verzehren. Zwetschgensauce war seine Leibspeise. «Wahrhaftig, die Soldaten liebten die Zwetschgensauce anno sechsunddreißig... Aber schwer war das, recht schwer, wenn die Preußen aßen...»

Das war 1836 gewesen, als Herr Veith die Kantine geführt hatte.

Mit seiner Fischschüssel in der Hand schilderte er des langen und breiten, wieviel die Preußen essen konnten. «Man bekam ja einen Gulden im Tag für jeden Mann, aber aufpassen mußte man. Denn die Kerle aßen, was sie sahen.» Doch Veith hatte sein Verfahren: Wenn sie ins Quartier kamen, waren sie, versteht sich, so hungrig wie gierige Wölfe. «Dann aber», sagte Veith und hielt den Finger an die Nase, während er die Augen zusammenkniff, «dann mochten sie sich ruhig vollstopfen, was sie nur konnten, am ersten Tage. Am nächsten Tage hatte der Appetit schon nachgelassen.»

Veith lachte laut; diese List war seine Lebenstat. Und wir andern mußten mitlachen, obwohl wir die Geschichte zum zwanzigsten Male hörten.

Veith sah so glücklich aus, als ob er auch heute einen Gulden pro Kopf bekäme. Dann winkte er mich ins Schlafzimmer.

«Sie sind ein bißchen still», sagte er. «Schenken Sie tüchtig ein. Der Wein ist gut, unverfälscht.»

Es kreisten die Krüge mit dem Eisenbahnerwein, der bischofssüß war. Noch mehr Fisch kam, und die Stimmung begann sich zu beleben.

Der Pianist erzählte von Weihnachten daheim in Brüx, als sie wohlhabend waren und sein Vater noch lebte. Sein Vater war Gerber gewesen. Am Weihnachtsabend wurden zwei große Kessel voller Karpfen in der Diele aufgestellt, und seine Mutter teilte die blauen Fische an jeden Armen aus, der sich meldete.

«So war es eben in den kleinen Städten, müssen Sie wissen», sagte er, «man teilte.»

Der Maler und ich sahen einander an — wir wollten mit dem alten Veith anstoßen. Er trocknete sich erst den Mund mit dem Hemdärmel — er war in Sonntagstracht mit schwarzer Weste und weißschimmernden Hemdärmeln —, bevor er mit uns beiden anstieß.

Der Pianist erzählte weiter von daheim in Brüx: Alle Gesellen und Lehrlinge wurden am Abend bewirtet.

Der Student, dessen Vater Amtsvorsteher in einem kleinen Ort war, hörte auf zu essen und schaute gleichsam mit einem langen Blick auf *sein* Weihnachtsfest zurück.

«Nun ja», sagte er, «wir waren sechzehn Kinder ...»

Als ob damit alles gesagt wäre.

Und er beugte den mageren Hals, der von dem Beamtenhunger in seiner Kindheit Zeugnis abzulegen schien.

Die Krüge kreisten, und alle redeten. Die Hausmeisterin hatte sich aus ihrem Untergeschoß heraufgeschlichen und war ins Schlafzimmer geschlüpft. Der Maler holte sie zu uns herein, und alle stießen mit ihr an.

Mit gefalteten Händen stand sie in den Strümpfen da und sagte: «Es ist doch etwas Schönes um die Jugend.» So blieb sie stehen und betrachtete mit froh glänzenden Augen den Tisch mit den Karpfen und den beiden Kerzen.

Wir hoben die Tafel auf, und der Maler zündete den Baum an. Er erstrahlte recht hübsch mit seiner Watte und dem Flitter von dem Rittermantel. Aber wir vier wurden wieder ein wenig stiller, bis der Pianist vorschlug, zu singen.

Er sang vor. Aber es ging nicht richtig.

Wir versuchten ein Lied nach dem andern, während

der Baum sanft strahlte. Wir kannten jedoch nicht dieselben Lieder, und so fiel das Singen dahin...

Am besten war es wohl, beim Baum weiterzuessen. Veith brachte viele Süßigkeiten; es gab Gebäck und Eingemachtes. Und gut war es, daß es so viel zu essen gab, denn das Gespräch ging ein bißchen träge, bis wir alle vier stumm saßen.

Im Eßzimmer hörte ich Schleichschritte. Das war Mutter Veith, die wieder heraufgekommen war. Sie stand bei der Tür und sah mit großen Augen auf den schiefen Baum.

Unsere Gäste gingen.

Der Maler und ich saßen vor der gelöschten Tanne.

Veith machte sich im Eßzimmer zu schaffen. Wir hörten ihn nicht hereinkommen, doch da rumorte er mit einem Stuhl, und als ich mich umdrehte, merkte ich, daß er etwas auf dem Herzen hatte.

Schließlich sagte er mit ganz unsicherer Stimme: «Ja, Sie müssen uns entschuldigen — wir konnten es ja nicht besser machen!»

Der Maler und ich hatten Tränen in den Augen.

Veith war gegangen, und wir saßen lange stumm.

Dann erzählte der Maler von anderen Weihnachtstagen und anderen Weihnachtsfesten.

Er erzählte von einem Weihnachtsfest in München — einem heidnischen Fest mit reichen, schönen Frauen, mit Wein und Witz und einem riesigen Rosenstock statt eines Tannenbaumes.

Und er erzählte — ohne Sentimentalität, aber vielleicht ein wenig wehmütig — von dem Freund, der damals die Seele des Festes war, eine Art Dichter, zweiundzwanzig

Jahre alt, plötzlich tatenfreudig in München aufgetaucht. Er hatte ein wenig Talent und viel Energie. Mit weicher Stimme und gefühlvollem Vortrag umkleidete er die Gedichte, die er überall vorlas.

Es kam ein Jahr, wo eine ganze Stadt ihn verhätschelte – vielleicht nur, weil es in diesem Augenblick keinen andern zu verhätscheln gab. Das war ein Jahr wie ein Märchen, so voller Erfolg und Gunst... Er nahm es, glaube ich, wie etwas, das so sein mußte. Und eigentlich war er ganz anspruchslos, und er teilte auch mit dem einen und dem andern.

Aber der Publikumsrausch war kurz, und Groll und Gleichgültigkeit dauerten länger. So geht es immer, wenn sich das Publikum hat überrumpeln lassen.

«Er wachte jetzt auf, mein Bester, und das hat der Mann nie verziehen. Nun schrieb er viel talentvollere Sachen als damals – sogar ein Buch, das gut ist, glaube ich –, aber er blieb vom Leben abgeschlossen und von allen Unternehmungen. Weil diejenigen, die das Wort führten, befürchteten, sie würden sich an ihm die Finger verbrennen, wenn sie nur seinen Namen nannten. Er kam nie mehr hinein. Es war, als hätte man einen Kreis gezogen, und er stand draußen.»

«Und nahm er das schwer?» fragte ich.

«Schwer!» sagte der Maler. «Immer schwerer... Das war wohl eine Zeit... Ich glaube, er setzte sich andere Ziele – innerlichere, wenn ich so sagen darf. Er, den die Witzblätter – sie beschäftigen sich noch immer ab und zu mit ihm; hast du nicht bemerkt, daß sie noch nach zehn Jahren beharrlich auf einem 'Gegenstand' herumhacken, obwohl er alle Aktualität verloren hat, und daß man erst wirklich tot ist, wenn auch sie schweigen — er, den diese Blätter noch immer einen Reklameheld nennen, er ist eine menschenscheue Seele geworden, glaube ich, die in Winkeln umherschleicht und sich nur Frieden wünscht... in Ruhe gelassen zu werden.»

Sinnend fuhr der Maler fort: «Aber vielleicht leidet er manchmal doch darunter, daß so viele seiner Kräfte brachliegen. Vielleicht schmerzt ihn das. Bayern ist nämlich ein kleines Land. Und er sagt sich vielleicht selbst, daß es in einem kleinen Land immer nur einige wenige Tüchtige gibt — so daß man ihn am Ende brauchen kann —, also auch für ihn eine Arbeit, die ihn hinaushebt übers tägliche Leben und sich in Jahrzehnten zu Ergebnissen zusammenreiht. Er sagt sich manchmal bekümmert, daß man auch ihn hätte brauchen können. Denn er hatte wirklich Tatkraft in sich und wohl auch ein wenig Eigennutz — etwas von dem Drang, der dazu treibt, zum Vorteil für alle zu handeln, von dem Drang, der Gesellschaftsführer schafft, große und kleine. Davon hatte er etwas. Und möglich ist es auch, daß er mitunter, wenn er die anderen und sich selbst mißt, die andern, die statt seiner zu Stellung und Einfluß gelangt sind, daß er dann bei sich selbst denkt, daß sie nur Macht haben, um sie zu fühlen und zu besitzen, wohingegen er sie zum Wirken benutzt hätte. Aber jetzt hilft das ja nicht mehr. Außerdem können die andern alles ebenso gut machen wie er — dort in München. Es gibt nichts Dümmeres, als zu glauben, daß gerade auf mir größeres Gewicht liegt. Was ein anderer nicht zu machen vermag, kann ja von zwei andern gemacht werden.»

Der Maler schwieg eine Weile. Dann sagte er: «Wie deutlich erinnere ich mich an unseren letzten gemeinsamen Weihnachtsabend. Nach dem Essen saßen wir in seinem Wohnzimmer vor dem Feuer. Damals hatte er noch seine Stellung, aber es fing schon an, halbdunkel um ihn zu werden...»

Wir saßen stumm. Auf einmal sagte er: «Du siehst aus, als ob du lauschst.»

«Lauschen... ich... Nein, hätte ich auf etwas lauschen sollen?»

«Was weiß ich?» erwiderte er. «Du sahst nur so aus.»

Nach und nach brannten die Kerzen am Baum. Und die Glocke an der Wohnungstür begann zu läuten. Es waren Geschenke über Geschenke, Blumen über Blumen. Das ganze Zimmer füllte sich.

Draußen in der Nacht saßen wir wieder vor dem Feuer. Ich blickte mich in dem geschmückten Zimmer um.

«Du», sagte ich, «ich lauschte wirklich auf etwas.»

«Ja, das sah ich... Und worauf?»

«Auf die Türglocke», antwortete ich und wies auf das Zimmer draußen. «Ich möchte nicht gern, daß man dich heute abend vergißt.»

Er lachte — und lächelte dann ein wenig wehmütig. «Mein Gott, dazu kann man ja nichts sagen... Es gibt solche Gelegenheiten, wo man merkt, daß man dumm genug war, sich verhätscheln zu lassen.»

Er schwieg, und wir saßen wieder stumm.

Der Maler sagte: «Du redest nicht viel.»

«Nein...»

«Du könntest aber versuchen...»

«Ach», sagte ich, «vielleicht denke auch ich daran, daß es im Leben sonderbar auf und ab geht... und meistens abwärts wie bei deinem Freund.»

«Tja», sagte er. «Weißt du, woran ich denke», fuhr er fort. «Ich hätte Lust, Mutter Veith zu malen, wie sie vor den beiden Kerzen stand und sagte: 'Es ist doch etwas Schönes um die Jugend.' Herrgott, die guten Leutchen, die guten Leutchen.»

Der Maler erhob sich und begab sich zur Ruhe.

Ich saß noch eine Weile vor dem gelöschten Baum. Im Zimmer war es ganz dunkel. Draußen in der Diele ging jemand sehr leise. Es war der alte Veith, der sehen wollte, ob wir zu Bett gegangen waren.

Ich rieb ein Streichholz an und machte Licht.

Die Vergoldung der Veithschen Kaffeetassen glänzte. Es waren Sonntagstassen mit vielen Aufschriften. Drinnen im Eßzimmer lagen schützende Teller über den vielen Karpfenresten. Ich sagte mir: Morgen gibt es wieder Karpfen.

Ich wußte, Frau Veith wünschte, daß die Reste aufgegessen wurden.

Drüben im Hinterhaus war eine Bäckerei. Durch die Fenster sah ich die Gesellen vor dem langen Trog arbeiten.

Sie feierten überhaupt kein Weihnachtsfest.

Aber eine Stadt muß ja Brot haben.

Am folgenden Morgen kamen die Geldanweisungen. Sie waren tatsächlich auf den Bergpässen hängengeblieben. Sogar der Maler erhielt Geld. Kunstfreunde hatten sich seiner Zigeuner erbarmt.

«Das ist es eben», sagte er, «man muß sich darauf verstehen, das passende Format zu wählen.»

Er nahm die Einzahlungsscheine fächerförmig zusammen und betrachtete sie.

«Weißt du», sagte er, «wenn man nur fleißig ist und arbeitet, daß es dampft, dann kommt doch etwas herein.»

«Manchmal ein bißchen spät», sagte ich.

Und wir lachten beide.

Aber wir aßen einige Tage auswärts und überließen die Karpfen und den Wein der Eisenbahnschaffner den Veiths.

So undankbar ist nun einmal die Welt.

Hans Christian Andersen

DER LETZTE TRAUM DER ALTEN EICHE

Im Walde stand hoch am Abhang beim offenen Strand eine Eiche, so eine richtige alte Eiche, die genau dreihundertfünfundsechzig Jahre alt war. Aber diese lange Zeit bedeutete für den Baum nicht mehr als ebenso viele Tage für uns Menschen; wir sind am Tage wach, schlafen in der Nacht und haben dann unsere Träume; bei den Bäumen ist es anders, der Baum ist drei Jahreszeiten hindurch wach, erst im Winter hält er seinen Schlaf. Der Winter ist seine Schlafenszeit, er ist die Nacht nach dem langen Tage, der Frühling, Sommer und Herbst heißt.

An manchem warmen Sommertag hatte die Eintagsfliege seine Krone umtanzt, gelebt, geschwebt, sich glücklich gefühlt, und wenn sich dann das kleine Geschöpf in stiller Glückseligkeit auf einem der großen frischen Eichenblätter ausruhte, sagte der Baum immer: «Armes Kleines! Nur ein einziger Tag ist dein ganzes Leben! Wie kurz! Das ist so traurig!»

«Traurig?» erwiderte die Eintagsfliege stets. «Was

meinst du damit? Alles ist ja so unvergleichlich hell, so warm und schön, und ich bin so froh!»

«Aber nur ein Tag, und dann ist alles vorbei!»

«Vorbei!» sagte die Eintagsfliege. «Was ist vorbei? Bist auch du vorbei?»

«Nein, ich lebe vielleicht viele Tausende von deinen Tagen. Mein Tag sind ganze Jahreszeiten. Das ist so lange, daß du es gar nicht ausrechnen kannst.»

«Nein, denn ich verstehe dich nicht. Du hast Tausende von meinen Tagen, ich aber habe Tausende von Augenblicken, in denen ich froh und glücklich bin! Hört alle Herrlichkeit dieser Welt auf, wenn du stirbst?»

«Nein», sagte der Baum, «sie dauert gewiß länger, unendlich viel länger, als ich es mir denken kann.»

«Dann haben wir ja gleich viel, nur rechnen wir verschieden.»

Und die Eintagsfliege tanzte und schwang sich in die Luft, freute sich ihrer feinen, köstlichen Flügel, an ihrem Flor und Samt, freute sich an der warmen Luft, die so würzig war vom Duft des Kleefeldes und der Heckenrosen, des Holunders und des Geißblatts, gar nicht zu reden von Waldmeister, Primeln und wilder Krauseminze; der Duft war so stark, daß die Eintagsfliege wie berauscht davon wurde. Der Tag war lang und schön, voller Freude und süßer Empfindung, und wenn die Sonne sank, fühlte sich die kleine Fliege immer so angenehm müde von all der Lust. Die Flügel wollten sie nicht mehr tragen, und ganz sachte glitt sie auf den schaukelnden weichen Grashalm hinunter, nickte mit dem Kopf, wie sie zu nicken vermag, und schlief so heiter ein — das war der Tod.

«Arme kleine Eintagsfliege!» sagte die Eiche. «Das war doch ein allzu kurzes Leben.»

Und an jedem Sommertag wiederholte sich der gleiche Tanz, das gleiche Gespräch und das gleiche Einschlummern; es wiederholte sich durch ganze Geschlechter von Eintagsfliegen, und alle waren sie ebenso glücklich, ebenso froh. Die Eiche stand wach an ihrem Frühlingsmorgen, Sommermittag und Herbstnachmittag; nun kam bald ihre Schlafenszeit, ihre Nacht, der Winter war im Anzug.

Schon sangen die Stürme: «Gute Nacht, gute Nacht! Es fiel ein Blatt, es fiel ein Blatt! Wir pflücken, wir pflücken! Sieh zu, daß du schläfst! Wir singen dich in Schlaf, wir wiegen dich in Schlaf, aber gelt, das tut gut in den alten Ästen! Sie knacken dabei vor Wonne. Schlaf süß, schlaf süß! Es ist deine dreihundertfünfundsechzigste Nacht, eigentlich bist du nur ein Kind von einem Jahr. Die Wolke schüttet Schnee aus, es wird eine ganze Decke, ein weicher Teppich um deine Füße. Schlaf süß und träume gut!»

Und die Eiche stand all ihres Laubes entkleidet, um für den ganzen langen Winter zur Ruhe zu gehen und manchen Traum zu träumen, immer ein Erlebnis, genau wie in den Träumen der Menschen.

Auch sie war einmal klein gewesen, ja, in ihrer Wiege war sie eine Eichel gewesen; nach Menschenrechnung lebte sie nun im vierten Jahrhundert. Sie war der größte und höchste Baum im Wald; mit ihrer Krone überragte sie alle andern Bäume, und so wurde sie von weit draußen auf dem Meer gesehen und diente den Schiffern als Landkennung; sie ahnte nicht, wie viele Augen sie suchten. Hoch oben in ihrer grünen Krone nisteten die Holztauben, und dort rief der Kuckuck, und im Herbst, wenn die Blätter wie gehämmerte Kupferplatten aussahen, rasteten hier die Zugvögel, ehe sie übers Meer flogen. Jetzt aber war es Winter, der Baum stand entblättert; man sah geradezu, wie sich die knorrigen Äste streckten. Krähen und Dohlen kamen abwechslungsweise, ließen sich nieder und sprachen von den kommenden strengen Zeiten, wie schwer es war, im Winter Futter zu finden.

Es war gerade die heilige Weihnachtszeit, da träumte der Baum seinen schönsten Traum; wir wollen ihn hören.

Der Baum spürte deutlich, daß es eine festliche Zeit war; es schien, als hörte er alle Kirchenglocken ringsum läuten, und dabei war es wie ein schöner Sommertag, mild und warm; frisch und grün breitete sich seine mächtige Krone aus, die Sonnenstrahlen spielten zwischen Blättern und Ästen, die Luft war erfüllt vom Duft der Kräuter und Sträucher; bunte Schmetterlinge spielten Fangen, und die Eintagsfliegen tanzten, als wäre alles nur da, damit sie tanzen und lustig sein könnten. Alles, was der Baum jahrelang erlebt und rings um sich gesehen hatte, zog an ihm vorüber wie in einem ganzen Festzug. Er sah aus alter Zeit Ritter und Damen mit Federhut und einem Falken auf der Hand durch den Wald reiten; Jagdhörner ertönten, und Hunde bellten. Er sah feindliche Krieger mit blanker Waffe und farbiger Tracht, mit Spieß und Hellebarde ihre Zelte aufschlagen und abbrechen; das Wachtfeuer flammte, unter den ausgebreiteten Ästen des Baumes wurde gesungen und geschlafen. Er sah Liebespaare, die sich hier bei Mondschein in stillem Glück trafen und den ersten Buchstaben ihres Namens in die graugrüne Rinde schnitten.

Zither und Äolsharfe waren einst, ja, es lagen viele Jahre dazwischen, von munteren fahrenden Gesellen in die Zweige der Eiche gehängt worden; jetzt hingen sie wieder da, jetzt erklangen sie wieder so lieblich. Die Holztauben gurrten, als wollten sie erzählen, was der Baum dabei fühlte, und der Kuckuck verkündete, wie viele Sommertage er noch zu leben hätte.

Da war es, als ob ein neuer Lebensstrom hinunter bis in die kleinsten Wurzeln und hinauf bis in die höchsten Zweige und in jedes Blatt rieselte; der Baum merkte, wie er sich dabei streckte, ja, er spürte es mit den Wurzeln, daß auch dort unten in der Erde Leben und Wärme waren; er fühlte, wie seine Kraft zunahm; er wuchs immer höher, der Stamm schoß auf, es gab keinen Stillstand, mehr und immer mehr wuchs er, die Krone wurde voller, breitete sich aus, hob sich — und je mehr der Baum wuchs, um so mehr nahm sein Wohlbefinden zu, seine beglückende Sehnsucht, immer höher zu gelangen, ganz hinauf bis zur strahlenden warmen Sonne.

Schon war er über die Wolken hinausgewachsen, die wie dunkle Zugvögelscharen oder wie große weiße Schwanenzüge unter ihm dahintrieben.

Und jedes Blatt des Baumes konnte sehen, als ob es Augen zum Sehen hätte; die Sterne wurden am Tage sichtbar, so groß und leuchtend; ein jeder strahlte wie ein Augenpaar, so milde, so klar; sie erinnerten ihn an bekannte liebevolle Augen, an Kinderaugen, an die Augen der Verliebten, wenn sie sich unter der Eiche trafen.

Es war ein lebensseliger Augenblick, so freudevoll! Und doch empfand die Eiche bei all der Freude das Verlangen, alle anderen Bäume dort unten, alle Kräuter, Sträucher und Blumen möchten sich miterheben können, diesen Glanz und die Wonne mit ihr teilen. Die mächtige Eiche war in ihrem herrlichen Traum nicht vollkommen glücklich, wenn nicht alle daran teilhatten, groß und klein, und dieses Gefühl durchbebte ihre Äste und Blätter so stark wie in einer Menschenbrust.

Die Krone der Eiche bewegte sich, als suchte sie etwas, das ihr fehlte; sie schaute zurück, und da nahm sie den Duft des Waldmeisters wahr und bald darauf den noch stärkeren Duft des Geißblatts und der Veilchen; sie glaubte, den Kuckuck antworten zu hören.

Ja, durch die Wolken guckten die grünen Wipfel des Waldes hervor; unter sich sah sie die anderen Bäume wachsen und sich erheben; Sträucher und Kräuter schossen in die Höhe; einige rissen sich mit der Wurzel los und flogen noch schneller. Die Birke war am flinksten; wie ein weißer Blitzstrahl zuckte ihr schlanker Stamm empor, die Zweige wogten wie grüner Flor und Fahnen; die ganze Waldnatur, sogar das braungefiederte Rohr wuchs mit, und die Vögel folgten und sangen, und auf dem Halm, der wie ein grünes Seidenband losgelöst flatterte und flog, saß die Heuschrecke und fiedelte mit dem Flügel an ihrem Schienbein; die Maikäfer brummten, die Bienen summten, jeder Vogel sang, wie ihm der Schnabel gewachsen war, alles war Gesang und Freude bis in den Himmel hinein.

«Aber die kleine blaue Blume am Wasser sollte auch dabei sein», sagte die Eiche, «und die rote Kuckucksblume und das Gänseblümchen!» Ja, die Eiche wollte alle, alle dabei haben.

«Wir sind dabei, wir sind dabei!» sang und klang es.

«Aber der schöne Waldmeister vom vorigen Sommer — und das Jahr davor war hier ein Flor von Maiglöckchen — und der wilde Apfelbaum, der so schmuck blühte — und all die Waldespracht Jahr für Jahr — hätte sie doch gelebt und bis jetzt überdauert, so könnte sie dabei sein!»

«Wir sind dabei, wir sind dabei!» sang und klang es noch höher oben; sie schienen vorausgeflogen zu sein.

«Das ist ja unglaublich schön!» jubelte die alte Eiche. «Ich habe sie alle! Die Kleinen und die Großen! Keiner ist vergessen! Wie ist all diese Glückseligkeit nur möglich und denkbar?»

«In Gottes Himmel ist sie möglich und denkbar!» erklang es.

Und der Baum, der immerzu wuchs, spürte, daß sich seine Wurzeln von der Erde lösten.

«Das ist nun das allerbeste», sagte die Eiche. «Jetzt halten mich keine Bande mehr! Ich kann zum Allerhöchsten in Licht und Glanz emporfliegen! Und alle Lieben habe ich bei mir! Die Kleinen und die Großen. Alle sind dabei!»

«Alle!»

Das war der Traum der Eiche, und während sie träumte, brauste in der heiligen Weihnachtsnacht ein gewaltiger Sturm über Meer und Land. Die See wälzte schwere Wellen gegen den Strand, der Baum krachte, brach und wurde entwurzelt, gerade als ihm träumte, daß seine Wurzeln sich lösten. Er fiel. Seine dreihundertfünfundsechzig Jahre waren nun wie ein Tag für die Eintagsfliege.

Am Weihnachtsmorgen hatte sich der Sturm gelegt, und die Sonne ging auf. Alle Kirchenglocken läuteten festlich, und aus jedem Schornstein, selbst aus dem kleinsten auf dem Dach des Häuslers, kräuselte sich bläulicher Rauch. Das Meer wurde allmählich ruhig, und auf einem großen Schiff dort draußen, das das rauhe nächtliche Wetter gut überstanden hatte, wurden alle Flaggen zu weihnachtlichem Festschmuck gehißt.

«Der Baum ist fort! Die alte Eiche, unsere Landkennung!» sagten die Seeleute. «Der Sturm hat sie heute nacht gefällt! Wer soll sie ersetzen? Das ist nicht möglich!»

Diese Leichenrede, kurz, aber gut gemeint, wurde dem Baum zuteil, der hingestreckt auf der Schneedecke am Strand lag; und über ihn hinweg erklang der Gesang vom Schiff, das Lied von der Weihnachtsfreude und der Erlösung der Menschenseele in Christo und vom ewigen Leben:

«Sing laut zum Himmel, Christenheit!
Halleluja, nun ist's soweit,
Das Heil ist ohnegleichen!
Halleluja! Halleluja!»

So ertönte das alte Weihnachtslied, und jeder auf dem Schiff wurde dadurch auf seine Weise erhoben, wie sich auch der alte Baum in seiner letzten, seiner schönsten Traum-Weihnacht erhob.

Sigrid Undset

WEIHNACHTSFRIEDEN

Weihnachtsabend

Die Altmutter in Uvaasen, Helga, kam aus dem kleinen Stall, setzte den Milcheimer im Schnee ab und sah auf in die Luft. Doch der Himmel war grau verhängt und schneeschwer. Und auf dem Anger lag der Schnee wie ein Leichentuch, ohne Licht und Schatten – kaum konnte man die Wölbungen über den Unebenheiten im Gelände erkennen. Die Spur des Bachlaufes, der in sommerlichen Tagen an ihrem Anwesen spielerisch vorbeirauschte, war nur als ein grauerer Schatten sichtbar. Signes Skispuren verschwanden da unten. Dort hinüber sieht die Großmutter. Signe mußte nun wohl bei Hallsteins angekommen sein. Von dort waren es noch zwei Stunden zur Kirche.

Uvaasen lag weiter weg an einer Hügellehne. Bergauf, bergab umringt Wald auf allen Seiten die Rodung. Man sah nichts anderes als die blauschwarze, weiß-spitzige Walddecke und erblickte höchstens gegen den Himmelsrand die Zinnen eines Schneegebirges mit Granitwänden und Gipfeln, die sich nun weiß von dem grauwolkigen Himmel abhoben. Der Wald brauste – und sie konnte das Gemurmel des Baches unter der Decke aus Eis und Schnee vernehmen. Mutter Helga blickte auf das neu von der Tür leuchtende Teerkreuz, nahm den Eimer auf – die Wärme der Milch hatte in der Schneedecke einen Ring ausgeapert – und beging den schmalen Pfad, der zwischen dem Haus und dem Stall geschaufelt war.

Ihre beiden kleinen Enkelinnen standen draußen auf dem Beischlag und hielten den hölzernen Schlüssel zum Vorratshause. Großmutter hatte ihnen versprochen, daß sie mithelfen sollten, den Brotlaib und die Weihnachtskerze ins Haus zu tragen. Ihre Mutter hatte sie festlich geschmückt, bevor sie ging: ihnen waren frische Wollbänder ins Haar geflochten, und neue gewebte Gürtel lagen über ihren alten Friesröcken.

Kohlschwarz war es im Vorratshaus – doch dieses war nicht so groß, und es war nicht so sehr gefüllt, daß man leicht fehlgreifen konnte. Einige Bündel von getrockneten Fischen stießen ihnen gelegentlich gegen die Köpfe, als sie sich drinnen bewegten. Im Dunkel bemerkten die Kinder irgendwo die Speckseite und den gefrorenen Hasen, den sie morgen zum Feiertagsessen haben sollten. Audhild hatte die Weihnachtskerze und das Gefäß mit Fladenbrot zu tragen. Ingegjerd wurde das Brot aus Weizenmehl anvertraut, das Helga von der Schwester des Priesters erhalten hatte, als sie jüngst im Kirchdorf gewesen war.

Nun war draußen halbe Dämmerung. Unten im Tal hatten die Glocken sicher schon Weihnachten eingeläutet.

Die Alte verweilte kurz auf dem Beischlag und sah in die Ferne. Es war Arnes letzte Arbeit gewesen, daß er diesen Beischlag baute, um das Haus etwas behaglicher zu machen. Er starb, da sie sieben Jahre verheiratet gewesen waren, fast genau auf den Tag.

Am vierten Tag nach Brittivamesse*) wurden es sieben Jahre, daß Haldor mit Signe Hochzeit getrunken hatte. Sollte sie nun ein gleiches Schicksal erdulden — hier sollten sie sitzen, zwei Witwen mit drei kleinen Kindern und einem vierten, das man gegen den Halvardstag**) erwarten konnte? Ach nein, Signe benötigte es besonders, unter einem Kirchendach weilen zu dürfen, dort, wo die Priester sangen und die Lichter auf dem Altar brannten und der Weihrauch über die Gemeinde hinzog, die in Ordnung stand, ruhig und in Sicherheit, während draußen im Dunkel alle bösen Geister rasend einherfuhren; denn zu Bethlehem war Marias Sohn geboren, und gebrochen war ihre alte Herrschaft. Helga nahm Ingegjerd und hob vorsichtig das Kind über die hohe Schwelle.

Signe hatte die Stube richtig in Ordnung gebracht, bevor sie sich auf den Weg machte — Großmutter sieht es —, sie hatte harzreiches Holz auf die Herdstelle gelegt und die Weihnachtskerze auf die Holzbank gestellt — mit einem Tisch konnten sie in Uvaasen nicht Staat machen.

Helga beugte sich über ihren Sohn. Er schlief nun. Seine Frau hatte ihn gewaschen, sein Haar und seinen Bart gestutzt und ihm ein reines Hemd angezogen. Aber er war bleich wie Bast, und seine Hände lagen gelblichweiß

*) 15. Mai **) 11. Jänner

auf der Bettdecke. Sie machte ein Kreuzeszeichen über Haldor und sprach ein Ave, bevor sie sich daran machte, den Kindern das Essen zu geben. Die kleinen Mädchen starrten erwartungsvoll, da Großmutter den Schimmel vom Weizenbrot abkratzte, es mit dem Messer kreuzte und in vier Teile zerschnitt. Dann zerbrockte sie ohne weiteres den einen Teil, warf die Stücke in die Fischpfanne, hob sie vom Kesselhaken und trug das Essen zur Bank.

Arne, das Enkelkindchen, rührte sich in seiner Hängewiege und schrie — er roch das Essen. Die Großmutter nahm ihn auf den Schoß und preßte ihn jedesmal etwas an sich, wenn sie einen Bissen in seinen offenen Mund steckte.

Schöne Kinder hatte Signe ihrem Mann geboren, und sie versorgte sie und alle Dinge im Hause gut. Großmutter dachte günstiger über die Junge heute in dieser Nacht. Auch an Olav dachte sie, der sie verlassen hatte, da er seine Braut durch eine tödliche Krankheit verlor, die ihm versprochen gewesen war seit seinen Knabentagen — er konnte sich seitdem in Uvaasen nicht wohlfühlen. Durch Sira Benedikt hatte er ihr Grüße übermittelt vor drei Wintern, und er — der Sohn — sandte einen Mantel heim für sie mit einem der Knechte des Bischofs zu Hamar. Damals war er in Hamar gewesen; nun war er nicht mehr dort, sie wußte gegenwärtig nichts von Olav. —

Nein, sie hatte an Signe nichts anderes auszusetzen, als daß sie ein Kind ohne Sippe war, aufgezogen durch die Barmherzigkeit fremder Leute, und daß sie zart und von schwacher Gesundheit zu sein schien. Wohl, weil die Frau so wenig aushielt, hatte Haldor sich nicht um eine gründ-

lichere Bewirtschaftung des Anwesens bemüht — ihre Arbeit wurde leichter, wenn er sich mit Jagd beschäftigte und Tagewerk unten im Kirchhof annahm. Er stand sich gut dabei durch seine Tüchtigkeit, und er brachte schwere Lasten notwendiger Dinge heim. Aber sollte er nun im Siechtum liegenbleiben, so war es bös, daß die Bewirtschaftung seit Olavs Zeit sich verschlechtert hatte.—

Zur Zeit der Bartholomäusmesse*) hatte er sich durch einen Fall schwer beschädigt. Er hatte das Bett hüten müssen gerade bis zur Klemensmesse**). Da hatte er sich ein wenig erholt — und nun in der vorigen Woche wollte er einmal wieder einen Waldgang machen — versuchen, an frisches Fleisch zum Feste zu kommen und an ein Fell, welches er gegen Mehl und Speck eintauschen konnte. In der Dunkelheit kam er wankend heim, so krank, daß man ihm ins Bett helfen mußte. Seitdem ging es ihm schlechter denn je. — Helga näherte sich dem Bett. Ihr Sohn lag wach mit rotglühenden Wangen und heißen glänzenden Augen: «Mutter», sagte Haldor leise, «meine Fallen stehen draußen heute in dieser Nacht!»

«So ist es wohl», antwortete die Mutter etwas kurz angebunden. «Aber das ist doch nicht deine Schuld», sagte sie freundlich eine Weile später. «Versuche in Christi Namen zu schlafen — er weiß wohl, du wolltest es nicht.»

Seit Christenmenschen in Norwegen lebten, war es Sitte gewesen, daß vom Heiligen Abend bis zur Mitternacht nach dem letzten Weihnachtstag Friede und Versöhnung walten sollte zwischen allen Geschöpfen Gottes.

*) 24. August **) 23. November

Sankt Olav selbst hatte dieses Gesetz eingeführt, sagte das Volk, und es hart vergolten, zu seinen Lebzeiten hier auf dieser Welt und später im Jenseits, wenn Männer Fallen und andere Fanggeräte über die Weihnachtsfeiertage draußen stehen ließen.

«Vielleicht kann die Sache in Ordnung gebracht werden, Haldor», sagte sie, «wir veranlassen jemand, hinaufzugehen und die Fallen am dritten Tag abzustellen. Vielleicht könnte ich selbst gehen, du hast sie im Rundvatstal gesetzt, meine ich?»

«Ist es zu spät, diesen Abend?» fragte Haldor, ohne die Augen zu öffnen.

«Draußen ist schon die Nacht eingebrochen», antwortete die Mutter.

«Sie müssen leicht zu finden sein — ich machte an diesem Tag keine langen Wege — sieben Schneehuhnschlingen am Oberlauf des Baches und die zwei Luchsfallen — eine in der Wildnis just unter den Zwillingsföhren und eine auf der oberen Seite der Jardtrudsheide.»

Die Mutter antwortete nicht. Ein wenig später schien er wieder einzuschlafen. Helga flüsterte den Enkelinnen zu, sie könnten gerne das, was von Vaters Essen im Napf übrig war, aufzehren, denn im Sitzen schielten sie unaufhörlich auf die Brotstücke, die aufgelöst in der Fischbrühe schwammen. Sie hatte hinreichend Brot für alle hohen Feiertage und Fleisch für morgen.

Der Sohn wehklagte leise: «Mir ist, als ob eine Schere in meinen Rücken schneide, Mutter. — Ach, ich werde vom Schmerz nicht befreit, solange meine Fallen draußen stehen — und auch um meine Kehle preßt es sich zusammen.»

«Es ist dir doch bekannt, daß ein Christenmensch in dieser Nacht nicht draußen in Berg und Tal sein soll», sagte die Mutter.

«Ja, ja.»

Aber sie sah, daß der Schweiß unter dem hellen Haar hervorquoll und sich in Tropfen auf der Oberlippe sammelte. Sie hatte die drei Kleinen zur Ruhe gebracht, sie waren gerade im Begriff einzuschlummern, da schrie der Vater, daß sie auffuhren.

«Du solltest versuchen, dich zu beherrschen, Haldor», sagte die Mutter beinahe barsch.

«Ja, ja, ja, ich werde es — aber ich kann nicht, Mutter!»

«Haldor, du weißt, ich würde es um deinetwillen wagen, mein Sohn. Aber du mußt denken, wie es um Signe und die Kinder stünde — solltest du nicht gesunden — wenn ich nicht da wäre.»

Zustimmend rührte der Sohn den Kopf. Doch der Mutter war es, als sollte ihr eigenes Herz brechen, da sie sah, wie er die Zähne zusammenbiß und schmerzvoll die Hände öffnete und ballte. Schweiß floß über ihn.

Freilich, die Weihnachtsnacht war die gefährlichste aller Nächte im Jahr. Sogar unten in den dichtbevölkerten Kirchdörfern hielten sich die Leute nicht draußen auf den Wegen auf, es sei denn, sie gingen zur Kirche; jedermann beschützte seine Tür mit dem Kreuz und Weihwasser. Und dennoch hörte man, daß die Wilde Jagd Macht bekam über Menschen in dieser Nacht, die ihre Sünden nicht gebeichtet hatten. Große Sünden hatte sie zwar nicht begangen, seitdem sie das letztemal zu Ostern beichtete. Gleichwohl wird ein nettes Päckchen aus all dem Verkehrten, was man jeden Tag sagt und tut und denkt. Und jene bösen Geister nahmen Bezug auf alles, auf das sie unter dem Schein des Rechtes Hand legen konnten. Nein, es war für einen armen sündigen Menschen ganz und gar unmöglich, sich heute nacht in Wald und Gebirg hinauszuwagen.

Sie fuhr auf – sicherlich war sie eingenickt, als sie auf dem Bett saß. Haldor lag wach. «Hast du nun große Schmerzen?»

Er nickte nur.

Ave stella matutina,
peccatorum medicina,
mundi princeps et regina –

ach, von was hatte sie nun geträumt? Von dem Land ihrer Kindheit und vom jungen Andres Simonssön, dem Erben des großen Hofes, ihrem Spielgenossen in jenen Tagen. Es war wie ein Zeichen, daß sie in dieser Nacht daran erinnert wurde. Ja, allein waren sie in der Weihnachtsnacht weggegangen, zwei Kinder im Alter von elf Jahren, durch den großen Wald waren sie gewandert und hatten sich allein über den Strom gerudert. Und Andres hatte das Lied Ave stella matutina gesungen, während sie Seite an Seite auf der Ruderbank saßen und die Riemen bewegten. Schwarz rann der Strom zwischen den fahlen Ufern, eine weiße dünne Eisschicht lag zwischen den hellen Sandbänken im Flußbett. Grau verhängt war die Nacht und schneeschwer der Himmel wie heute, sie konnten mehr ahnen als sehen, wo Land ihnen winkte. Aber da hob sich die Wolkendecke im Süden, sternklar stand der Himmel über

Vardaasen, und ein Stern leuchtete so groß und hell, daß er eine Lichtbrücke baute über den schwarzen Strom, der im Kielwasser des Bootes glitzerte und glänzte. Das war nicht der Morgenstern, und er glänzte nicht über dem Meer, sondern nur über ihrem Strom — doch sie meinten, es wäre ein Zeichen, und fuhren fort, das Lied zu singen, bis ihr Boot sich in den Sand des Kirchenufers bohrte. In jener Nacht hatte sie sich nicht gefürchtet.

Peccatorum medicina bedeutet Heilmittel gegen die Sünden und Mundi princeps et regina Herrscherin der Welt und Königin, sagte Andres. Sie wußte, daß er irgendwo tief unten im Süden des Landes Pfarrer gewesen war, und später sollte er in ein Kloster bei Björgvin gegangen sein. Ob er noch lebte, wußte sie nicht.

Haldor schlief nun — aber er stöhnte im Schlaf wie ein Kind. Es tat weh, ihn so zu hören, den großen, starken, jungen Mann. Daß sie gerade nun von Andres und ihrer Fahrt in der Weihnachtsnacht geträumt hatte! War es vielleicht, um erinnert zu werden, daß es einen gab, der stärker war als alle Riesen der Welt und alle bösen Geister und Totengespenster? Aber damals waren sie zwei unschuldige Kinder gewesen, die zur Kirche sollten. Aber ging sie aus, die Fallen zu holen, die draußen als ein Frevel gegen den Weihnachtsfrieden standen, so war das wohl auch eine gute Tat, auch das.

Helga erhob sich plötzlich, stand noch eine Weile und bedachte sich. Dann machte sie das Kreuzeszeichen über den Sohn und die Kinder in der Ecke, bedeckte die glühenden Kohlen auf dem Herde und blies die Weihnachtskerze aus. «In Gottes Namen gehe ich hinaus in diese Nacht.»

Die Nacht

Draußen lag ein bleiches Licht über der weiten Welt – der Mond stand hinter den Wolken. Sie fand Haldors Skier und band sie an ihre Füße.

Der verharschte Schnee kratzte und knirschte leicht – es hatte gefroren. Oben auf dem Anger lag eine Schneewächte hoch über dem Zaun des Hofes. Helga setzte dort über und fuhr durch den Busch hinunter zur weißen Fläche des Moors. Im gleichen Takt, wie sie die Skistöcke in den Schnee bohrte, sprach sie ihre Gebete und vereinzelte Bruchstücke jener lateinischen Verse, die Andres sie gelehrt hatte. Richtig konnte sie diese kaum wiedergeben, und sie hatte keine klare Vorstellung, was sie bedeuteten. Aber sonderbar war es, all das, was nun nach vierzig Jahren mit einemmal in ihrem Gedächtnis auftauchte.

Zuerst war sie gar nicht ängstlich. Es half auch, daß es so wunderbar leicht für sie ging – mit einem Schlage fand sie alle sieben Schneehuhnschnüre, die Haldor gelegt hatte; sie befanden sich im Birkenanwuchs des Hanges am Bachlauf. Nur in dreien von ihnen waren Vögel gewesen, und zwei hatten Marder ausgeplündert.

Bis zum Orreleiks-Moor lief der Bach unter einer niedrigen und steilen Bergwand, die, schwarz und schneefrei, deutlich zu erkennen war. Soweit war es leicht, sich zurechtzufinden. Bei der Einmündung des Baches in das Moor wandte sich die Bergseite nach Süden und Osten, und folgte sie ihr, bis sie die sonderbare Nase wahrnehmen konnte, die der Jardtrudhügel aufwirft und übers Moor herabhängen läßt, so würde sie wohl alsbald die Zwillingsföhren und die erste Luchsfalle erreichen.

Einmal, da sie gezwungen war, anzuhalten und die Bindung durch einen frischen gedrehten Weidenzweig zu verstärken, mußte sie lauschen. Das sauste und brauste in der Luft — sicherlich war es nur der Wald. Doch es war peinigend, ins Dunkel zu spähen. Schon einige Schritte weiter schmolzen das Schneefeld und die Weidenbüsche draußen im Moor und die Bäume zu einer schwarzen und graugefleckten Finsternis zusammen. Es war unmöglich, die Nase der Jardtrudshöhe in dem undeutlichen Luftumriß des Hügelzuges wahrzunehmen. Und nun da sie still stand, empfand sie das leise, unabwehrbare Saugen des Windes, der, vom Harsch oben kommend, eisig ihr Wams aus Rentierleder durchdrang; sie war durch das Laufen in Schweiß geraten.

Helga fühlte, daß ihr Herz zu hämmern begann. Das Brausen konnte tönen wie der Lärm eines fernen Rittes, das Dunkel schien sich unruhig und zottig zu bewegen, als sie spähte und starrte. Sollte sie umkehren — die Luchsfallen konnten doch nicht so über alle Maßen sündig sein; der Luchs ist wahrhaftig das ärgste Untier!

Aber es war nimmer ihre Art gewesen, sich mit halbgetaner Arbeit zufriedenzugeben.

So schlug sie wieder ein Kreuz, stemmte die Stöcke in den Schnee und setzte sich nachdrücklich in Gang.

Merkwürdig immerhin, wie lang der Weg übers Moor war in dieser Nacht! Sie blieb stehen, versuchte sich zurechtzufinden, aber hier standen die Fichten dicht im Umkreis. Sie fuhr dorthin, wo es am meisten unter ihnen leuchtete, denn da mochte im Sommer ein Viehpfad sein.

Das Gelände fiel rasch ab — dann stürzte sie, ihre Skier waren in einen kleinen Weidenbusch geraten.

Sie stand auf, schüttelte den Schnee ab und fand die Skier und Stöcke. Es sah aus, als ob sie sich im Bachbette befände, und sie vermutete, sie wäre nicht dort, wo sie ihrer Berechnung nach hätte sein müssen. Am besten, zu wenden und ihre eigene Spur zum Moor zurück zu verfolgen. Ein rauher, feuchtkalter Luftzug schlug ihr entgegen. Vielleicht kam er vom Bach, der in den Jardtrud-Moorsee mündete. Dort war immer eine offene Wake, die Nebel erzeugte.

Unmittelbar darauf war sie mitten in dickem, feuchtem und eiskaltem Nebel. Die Frau aus dem Anwesen im Walde wußte, das war nicht der Eisnebel einer kleinen Wake; Nebel war es, der sich vom Gebirge herwälzte. Nun wurde es gefährlich — blieb die Nebelbank stehen, so konnte sie heute nacht nicht nach Hause finden. Und wenn sich der Nebel im Laufe des Tages nicht hob, auch morgen nicht. Bald darauf klang der Skibug gegen Metall. Es war eine der Fallen Haldors. Einen dankbaren Seufzer sandte sie zum Himmel, so war sie entweder bei den Zwillingsföhren oder oben auf der Höhe auf der anderen Seite des Hügels. Da war nur notwendig, sich so hoch wie möglich emporzuarbeiten, Gott walten zu lassen und zu warten, bis der Nebel sich hob. Keine Gefahr drohte, daß sie sich verirren würde — und erfrieren konnte sie nicht heute nacht.

Die Falle war umgerissen und der Schnee dunkel gefärbt, sicher von Blutspuren, aber kein Tier zu bemerken. Der arme Haldor, er war wohl schon zu krank gewesen, als daß er die Falle hätte richtig aufstellen können. Sein Gerät durfte nicht hier stehen bleiben und vom Frostrauch beschädigt werden, vielleicht in Verlust geraten.

Die schweren Eisenkolben über dem Rücken, mühte sich das alte Weib hinauf. Dicht stand der Wald auf dem steilen Abhang der Kuppe – es war nur wenig Schnee unter den Bäumen, die zwischen großen Rollsteinen wuchsen. Helga schüttelte die Skier ab und nahm sie unter die Arme, stapfte die Steinhalde hinauf und schlug mit ihren Beinen gegen Blöcke, die rollten und wegglitten, trat mit den Füßen in Löcher, die der dünne Schnee oberflächlich bedeckt hatte.

Schließlich stand sie oben auf einer kleinen weißen Platte zwischen großen Fichten; sie war über dem Nebel, der wie ein weißer See unter ihr lag, und gegen den graudunklen Himmel konnte sie den finsteren Rand des Hügelzuges ihr gegenüber wahrnehmen.

Und nun – Jesus, mein Gott! – befreie uns von dem Übel!

Auf der Höhe ihr gegenüber leuchtete ein rotes Feuer. Herr, hilf uns! – Das strahlte aus einer offenen Tür, ja, da stand eine Tür offen im Berge. Und darüber war ein Gebrüll, daß Helga glaubte, ihr Blut erstarre und werde zu Eis. Sie warf sich voll Grauen in den Schnee, zeichnete einen Kreis um sich und ritzte in den Harsch Kreuze, entsprechend den Weltgegenden. Sie verschränkte die Arme über ihrer Brust, drückte den Kopf in das Leder der Kleidung und betete immer wieder inbrünstig das Vaterunser und das Ave.

Herr, du mein Gott, hilf mir wider den bösen Feind, laß ihn nicht Macht gewinnen über mich!

Gott, o Gott, ich glaube, daß du stärker bist als alle Heerscharen der Hölle, heilige Maria, du vermagst doch mehr als der Riese im Jardtrudhügel, das glaube ich mit aller Kraft meiner Seele – Gott ist meine Zuversicht. Befreie uns von dem Übel!

Ach, ach — was war das für ein Ton —

Da drüben im Berge sang es, sie vernahm Gesang über dem Brausen des Waldes, legte die Arme über die Ohren, um ihn nicht hören zu müssen.

Nach einer Weile mußte sie sich gleichwohl ein wenig aufrichten und lauschen — aber das war ja heiliger Gesang, das waren Töne, die sie von der Kirche her kannte — ein Weihnachtslied.

Konnte das narrendes Blendwerk böser Geister sein? Oder — nein, das war nicht Jung-Andres' helle Kinderstimme, das war eine rauhe Mannesstimme.

Gleichviel, entweder war das Gesang von Toten oder von Engeln im Himmel — das Licht in der Bergkuppe verschwand, und sie hörte, wie drüben im Berge eine Tür geschlossen ward. Helga kroch in ihrem Kreis zusammen, zog die Knie an sich und faltete ihre Hände über sie. In ihnen das Antlitz geborgen, nahm sie die Töne des Weihnachtsliedes in sich auf und summte ganz leise mit.

Wie lange sie so gesessen hatte, wußte sie nicht. Aber da sie endlich das Antlitz hob, sah sie über sich einen strahlenden Stern. Der Mond mußte untergegangen sein, denn zwischen den helleren Wolken war der Himmel ganz schwarz, aber mitten in der Wolkenlücke glänzte ein Stern, groß und klar — wie er leuchtend über dem Strom in der Heimat gestanden hatte, damals, als sie und ihr kleiner Spielgefährte auf dem schwarzen Wasser zwischen den hellen Strandstreifen zur Kirche ruderten. Steif und verfroren richtete sie sich auf und verbeugte sich vor dem Stern. Dann kniete sie nieder und betete ohne Furcht vor allen Mächten der Welt. Und sie empfand mit einem Male, daß sie sich auf jeden Fall in dieser Welt in großer Gefahr befunden habe, wenn die bösen Geister es vermocht hätten, sie zu verwirren oder sich ihr sichtbar zu machen: aber sie hatte sich höheren Mächten anvertraut. Sie hatten gewaltet — denn sie fühlte, wie sie sich in die Ferne verzogen, der Wald sauste mit einem anderen Ton, wie ein Mensch, der aufatmet, aus einem bösen Traum erwachend, und sich ausstreckt und in friedlichen, gleichatmenden Schlaf versinkt.

Nun schlummerte still die ganze Welt, die Anwesen ruhten tief unter der milchweißen Schneedecke, die unter ihr lag, so weit das Auge reichte. Oben hoben sich die Hügelkuppen dunkel und in süßem Schlaf vom Himmel ab, während die Wolken mehr und mehr wegglitten; immer weiter breitete die Nacht ihren bestirnten Mantel über die Welt aus, und der eine große Stern, heller als alle anderen, leuchtete, als wäre er ein Wachtfeuer.

Über den Anhöhen im Südosten begann sich die Luft ganz schwach aufzuhellen, und der Himmel erblich beinahe unmerkbar um die Sterne und machte ihr Licht milder, gleichsam feucht glänzend: da brach Helga Fichtenzweige ab, grub sich eine Liegestatt in der Mitte des Kreises, deckte sich mit Reisig zu und scharrte Schnee über sich. Wie ein Waldtier kroch sie zusammen, sprach ihr Nachtgebet — sie wollte sich eine Weile ausruhen, bevor sie den Heimweg begann. Denn nun war sie müde.

Sie versank in Träume vom heimatlichen Strom und Jung-Andres. Schließlich war es ihr, als stünde sie oben auf der stillen Anhöhe des Storberges und sähe Jungfrau Maria hastig den steilen Saumpfad nach Storberg hinaufgehen. Ja, als Kind hatte sie sich immer vorgestellt, hörte sie vom Gang der Mutter Gottes zur heiligen Elisabeth, ihrer Verwandten, daß dies auf den Hügelwegen von Storberg gewesen wäre, wo sie über die Anhöhen eilte, und den Hof des Priesters Zacharias hatte sie sich wie eines der großen schönen Bauernanwesen oben auf der Höhe gedacht. Dort lag gern Schnee den ganzen Monat Mai hindurch, doch sie vermeinte, die Jungfrau Maria über den Schnee eilen zu sehen, die Füße in goldenen Hüllen, die den Blüten des Zypripedium glichen, welche die Nonnen die goldenen Schuhe der Jungfrau Maria nannten. Grün ist ihr Kleid und fein gefältelt wie Marienmantel, und über ihre Schultern wallen das goldblonde Haar und der himmelblaue Umhang.

Weihnachtstag

Helga hob ihre Augenlider und schloß sie geblendet wieder. Über ihr spannte sich der Himmel in funkelndem Blau, und der Glanz des Schnees war den Augen unerträglich, so leuchtete und glitzerte er weißgolden und kristallisch mit reinen blauen Schatten, und der Wald stand so grün, daß er glänzte. Doch über sich sah sie das Gesicht eines Mannes gebeugt — ein braunrotes rundes Antlitz mit blondem, gewelltem Haar und rotem, krausem Bart. Olav war es, ihr ältester Sohn, und sie lag in seinen Armen. — Sie schloß die Augen — vermochte nicht aufzublicken. Ob sie sich auf Erden befand, und was sonst geschehen war mit einem armen sündigen und unbedeutenden Weib wie ihr?

Doch Olav rüttelte und rieb sie.

«Mutter, Mutter — ist dir nun besser, Mutter? Sag, was tust du hier auf der Heide — wie bist du hierhergekommen?»

Helga richtete sich auf und rieb sich die Augen. Ringsum war der strahlendste Wintertag, und Olav kauerte springlebendig neben ihr im aufgewühlten Schnee, und da waren ihre Skier und ein Felleisen und seine Lederjacke, auf der sie lag, und hier lag Haldors Luchsfalle. Indem Olav sie rieb, fuhr er zwischen Lachen und Weinen fort zu fragen: «Mein Gott, Mutter, wie kommst du hierher?» Ihre Glieder waren so steif und erstarrt, daß der Sohn sie stützend unter den Schultern halten mußte, während sie die Wanderung den Wald hinab begannen.

Olav erzählte, Sira Benedikt habe durch Leute, welche in der Gegend unterwegs waren, nach Olav Arnessön forschen lassen, denn nun sollte er, wenn irgendwie möglich, heimkommen, der Bruder liege krank, und die Mutter beginne alt und müde zu werden. Diese Aufforderung hatte ihn auf einem Hof bei Nidaros erreicht.

Er hatte gedacht, er könnte die Kirche in der Heimat erreichen bis zum Weihnachtsabend. Aber er geriet in den Nebel, da er schon im vertrauten Hügelland sich befand, und er suchte einen Unterschlupf in der alten Baude drüben am Hügel. Sicher war es sein Feuer gewesen, das sie gesehen hatte, denn er vermeinte, Menschen bemerkt zu haben. Da seine Rufe unbeantwortet blieben, hatte er ein Weihnachtslied zu singen begonnen, denn es war ihm nicht recht geheuer gewesen, da er in öder Nacht und Einsamkeit stand. Dann schlief er in der Baude, und als er des Morgens erwachte und hinaustrat, sah er ein Paar Skier, die über den Kamm des Jardtrudhügels hinausragten: er befürchtete, ein Mensch wäre dort verunglückt, und eilte hinüber.

Hier, weiter unten am Abhang, war in der Nacht Neuschnee gefallen. Der Wald stand in Flammen gehüllt, vergoldet von der Morgensonne, unter blauem Himmel. Als sie unten in Uvaasen angekommen waren, bemerkten sie Signe — sie stand draußen auf dem schmalen ausgeschaufelten Pfad zwischen den Gebäuden, neben ihr beide kleinen Mädchen. Die Schwiegertochter beschattete die Augen mit der Hand und spähte hinauf. Ihr Gesicht war sehr verweint, das sahen sie beim Näherkommen.

«Was ist mit Haldor?» fragte die Mutter, nachdem sie sich begrüßt hatten.

Nun, er hatte tief geschlafen, da sie heimkam — sie hatte nach dem Hochamt talauf bis Bergheim eine Fahrgelegenheit bekommen und war daher bald zurück. Und die Kleinen saßen so artig und froh auf der Bank und tranken Milch und aßen Kuchen wie Königskinder. Bald darauf war Haldor erwacht und sagte, er fühle sich viel besser. Aber beide ängstigten sich um die Großmutter, die nicht heimkam, sagte Signe und starrte mit großen Augen auf den fremden Mann, ihren Schwager, und die Kinder verbargen sich hinter ihr und guckten. Doch Großmutter befahl ihnen streng, herzukommen und ihren Oheim brav zu grüßen. Olav nahm die Kleinste, Ingegjerd, auf seinen Arm und ging ins Haus zum Bruder.

«Ich ahnte es, daß es dir, Mutter, geglückt war, die Fallen einzuholen, denn der Schmerz hörte jäh auf, und erquikkende Ruhe kam über mich.»

Olav saß bei seinem Bruder, auf jedem Knie ein kleines Mädchen. Die Kinder waren sprachlos und vermochten nur auf den Oheim zu starren, der jedem einen Silberring gegeben hatte. Haldor befingerte im Liegen das Gepäck seines Bruders. Aber viel Geld, das er sich verdient hatte, legte Olav in die Hände seiner Mutter.

Signe ging auf und ab und hielt die Wiege des Jüngsten in Bewegung, während sie sich um den Kessel bemühte. Mutter Helga weinte leise in Dankbarkeit vor sich hin; sie lag auf den Knien in der Ecke und bemühte sich, Worte zu finden, so daß sie recht Gott und der Jungfrau Maria für die glücklichste Weihnacht danken konnte, die ein armes sündiges Weib je hier auf Erden erlebt hatte.

Holger Drachmann

DAS SCHIFF IN DER KIRCHE

Mit gedämpfter Stimme unterhielten sich die drei Männer, der alte Ole Bertelsen und seine Söhne Karl und Kristian, und bisweilen warfen sie einen verstohlenen Blick auf Sören, den dritten Bruder, der mit seinen großen Fingern ganz kleine Gegenstände an Bord des «Schiffes» handhabte.

Sie waren sehr stolz auf dieses Schiff, so stolz, daß sie nur im Flüsterton darüber sprechen konnten. Aber hätte jemand sie gefragt, so hätten sie bestimmt auf eine Art und Weise geantwortet, als ob ihnen von allen Dingen auf der Welt das Schiff am gleichgültigsten wäre.

Sören hielt sein Holzbein im rechten Winkel zum gesunden Bein ausgestreckt; das war sicher eine ziemlich unbequeme Stellung, aber daran ließ sich nichts ändern. Während sein «Notmast» seitwärts hinausragte und sich das magere, bärtige Gesicht mit den leidgeprägten Zügen zwischen Rahen und Pardunen vorsichtig niederbeugte, bewegten sich die großen, schwieligen Hände mit den feinfühligen Fingern einer Puppennäherin rings auf dem

Deck und in der Takelage, und die großen, ruhigen Augen verbargen auf dem Grund eine Seelenfreude, als hüteten sie sich, sie mit einem einzigen Blick zu verraten.

«Nun ist es wohl bald soweit?» fragte der alte Ole Bertelsen behutsam und ehrfürchtig.

Sören war zu entschuldigen, wenn er nicht antwortete. Mit den Zähnen hielt er die Enden zweier Fallreepe fest; in den Fingern hatte er einen winzigen dreieckigen Block, und im rasch schwindenden Licht des Dezembertages bemühte er sich, die Löchlein zu finden, durch die er die dünne Schnur fädeln mußte.

Dann ließ er mit den Zähnen los und beantwortete eine andere Frage, die ihm vor fünf Minuten gestellt worden war: «Ich habe nur ein einziges Wurmloch im Boden gefunden. Das ist, wie man wohl sagen darf, nach zwanzigjähriger Fahrt ein recht guter Zustand.»

«Wahrhaftig!» bekräftigte Karl nachdrücklich.

«Aber, Sören», bemerkte Kristian, «du hast damals auch eine ganze Dreiviertelliterflasche Öl und Terpentin für den Boden verbraucht.»

«Und jetzt kommt noch eine dazu», sagte Sören. «Wenn das Schiff in zwanzig Jahren wieder auf die Helling muß, und wenn wir dann vielleicht selbst wurmzerfressen sind und andere Leute sich mit ihm abgeben, sollen sie doch sehen, daß wir gut mit ihm umgegangen sind!»

«Ha, bis dahin können wir noch längst am Leben sein», erwiderte der alte Ole. «Das liegt in der Familie.»

Ole war hoch in den Siebzigerjahren, und die Söhne waren in den Vierzigern.

Vor zwanzig Jahren waren sie — zusammen mit anderen aus dem Dorf — zu ihrem Beschluß gelangt. Alle übrigen Dörfer an der Küste hatten ihr Schiff in der Kirche hängen; warum sollte Vangaa da zurückstehen?

Damals war Sören gerade von einer langen Reise mit einem Bein aus Holz heimgekehrt, anstelle des Beines aus «Fleisch und Knochen», mit dem er die Fahrt angetreten hatte. Im ausländischen Krankenhaus hatte er arg gelitten, und der standhafte Seemann hatte sich schließlich für besiegt erklärt. Das Sektiererwesen blühte rings um die Spitalbetten, die verschiedenen «Abgesandten» rissen sich um die Patienten, und Sören fiel einem grimmigen Mann mit kurzgeschnittenem Haar und zusammengepreßten Lippen anheim. Feuer und Schwefel, Pech und anderes Brennmaterial regnete auf den geschwächten Krüppel nieder, und als Sören heimkam, war er nicht nur seines natürlichen Beines beraubt, sondern auch seiner natürlichen guten Laune.

Seit seiner Jugend war er sittenstreng gewesen, jetzt aber bereute er die Sünden der übrigen Welt. Mit den Schmerzen im Beinstumpf und dem Leid, im besten Alter andern zur Last zu fallen, verbanden sich die im Krankenhaus geweckten Skrupel. Er *mußte* ein Sünder sein, und so ergriff er eifrig die Gelegenheit, am «Schiff» zu arbeiten, um dort, wo sogar über jede Kleinigkeit Buch geführt wird, etwas von seiner großen Schuld abzubezahlen.

Die andern legten das Geld fürs Rohmaterial zusammen, Sören nahm den Löwenanteil des Tributs auf sich: die halbjährige unermüdliche, beharrliche Arbeit, den Rumpf der Fregatte auszukleiden und aufzutakeln. Die Fregatte wurde «Seemannsdenkmal» getauft; vom Heck bis zum

Nock am Klüverbaum maß sie gut zwei Meter, und als sie fertig war, wurde sie mit großer Feierlichkeit zur Kirche getragen und aufgehängt. Der alte Pastor weihte sie mit einer Ansprache ein, die jedenfalls lang war, und Sören putzte sich mit seinem Taschentuch, auf dem der Fall von Sebastopol abgebildet war, immerzu die Nase, und als die andern nach der Feier ins Wirtshaus gingen, humpelte er mit seiner Krücke und seinem Stock nach Hause. Unterwegs schlug er sich mit seinem alten Feind im Innern: mit den Gedanken, die sich gegenseitig anklagten und verteidigten. Hatte er vielleicht allzu oft das schöne Schiff betrachtet, aus Besorgnis, es könnte sich an der Kette um die eigene Achse drehen? Und hatte er über dieser eitlen Besorgnis nicht versäumt, dem alten Pastor zuzuhören, wie es sich geziemte, dem Verkünder des Wortes zu lauschen — auch wenn es sich nur um ein Schiff handelte?

Dann kam die schlimme Geschichte mit dem alten Pastor an den Tag, und Sörens Gedanken wurden dadurch nicht heller. Wenn ein Beamter Geld unterschlägt, so ist das ein schlechtes Beispiel; wenn aber ein Seelenhirte bei seiner Gemeinde Anstoß erregt, ist es noch viel schlimmer. Die Mehrzahl der Gemeindemitglieder ist zwar dickfellig, es gibt aber auch feinfühlige Gemüter wie Sören, die darunter leiden, daß sich die ewiggültige Moral mit den menschlichen Eigenschaften und Schwächen so schwer in Einklang bringen läßt. Sören wurde mit jedem Tage düsterer; im Gegensatz zu seinen Brüdern war es ihm ja nicht möglich, seine Gedanken mit den Netzen ins tiefe Meer zu versenken und in Form blankschimmernder Fische heraufzuziehen.

Eine zufällige Bemerkung seines Vaters rief ihn zur Tat auf. Solange man ein gesundes Bein und zwei Fäuste am Leibe habe, laufe man nicht hintersinnig herum und zehre von den andern! Sören schämte sich und packte zu. Der Anstoß wurde durch das «Schiff» gegeben. Sören takelte ein neues Schiff auf, das auf eine Ausstellung kam und dort gekauft wurde – sogar von einem Admiral fürs Modellkabinett. Weitere Schiffe liefen vom Stapel; einige landeten in Kirchen, andere in Spielwarengeschäften. Einige segelten im Gewässer der Erbauung, andere im Fahrwasser des Vergnügens und der Zerstreuung. Sörens Gedanken fuhren mit; sie lagen nicht mehr daheim und zehrten an seiner Kraft. Sie zeigten ihm die Welt in all ihren widersprechenden Gestalten und hinter dem Ganzen ein großes, gemeinsames menschliches Gesetz, das Lebensgesetz und das Moralgesetz. Aus einem Pietisten wurde Sören ein Philosoph, und als die erste Beklemmung über diese Entdeckung überwunden war, dünkte es ihn, daß er bei dem Wandel gewonnen hatte. Und so vergingen die zwanzig Jahre. Jeder der Brüder hatte sich eine Frau genommen und sich längst Sprößlinge angeschafft. Sören machte sich ein neues «Bein», ein viel besseres als das alte englische, das er für sieben Pfund Sterling gekauft hatte; er philosophierte, und er takelte auf, er legte ein wenig Geld auf die Seite und half den Brüdern; er war jetzt fast der angesehenste Mann im Dorfe – und das will etwas heissen bei einem, der *nicht* auf Fischfang geht.

Seit der Zeit des «alten» Pastors hatte es eine ganze Reihe von Geistlichen in dem Kirchspiel gegeben, zu dem das Dorf gehörte. Es war sozusagen eine Durchgangspfarrei. Der letzte, ein jüngerer Mann, war seit zwei Jahren im Amt. Geistliche sind heutzutage umstritten. Einerseits heißt es «Wahrheitszeuge», «wundervoller Mensch», andrerseits «Heuchler», «Dummkopf»! Der jüngere Pastor war weder das eine noch das andere. Ein Kind — sowohl in seinem Glauben als auch in seinen Taten. Eines Gelehrten kränklicher Sohn, der sich aus der Schulzeit eine große, durchgreifende Liebe bewahrt hatte. Er liebte das Meer, er wäre gern zur See gegangen. Daran hinderte ihn seine zarte Gesundheit, und so wurde er Theologe. Er war ein aufrichtiger Idealist, zerstreut, scheu, von mädchenhaftem Äusseren. Der geistliche Beruf hatte für ihn keine aufreibenden Gegensätze; das Leben kannte er nicht, und er wollte es auch gar nicht kennenlernen; wäre er ihm eines Tages gegenübergetreten, so wäre er ihm aus dem Wege gegangen und in seine Studierstube geflüchtet. Dort stand auf einem Bücherbord ein Spielzeugschiff, das ihn seit seiner Kindheit überallhin begleitete. Außerdem hatte er eine stille Frau und einen kleinen Sohn. Auf der Wiese hinter dem Pfarrhaus war ein Torfmoor mit klarem Wasser. Dort verbrachte der Pastor viele Stunden mit seinem Söhnchen und dem Schiff, und es ließ sich schwer entscheiden, wem es am meisten Freude machte, das Schiff segeln zu sehen, dem Vater oder dem Sohn, ja, es war möglich, daß der Vater den Knaben nur mitnahm, um bei dieser Beschäftigung nicht allein ertappt zu werden.

Jeden Tag legte er den halbstündigen Weg zum Fischerdorf zurück. Er schaute verträumt aufs Meer, und er betrachtete die Fischer mit ihren Booten. Eines Tages war er nahe daran, sein Schiff unter den Arm zu nehmen, um es in «richtigem» Wasser segeln zu lassen. Er beherrschte sich im letzten Augenblick, doch im Grunde reute es ihn. Theoretisch kannte er die ganze Schiffahrt sowie die ganze Kunst des Schiffbaus und des Auftakelns. Er hatte einschlägige Werke studiert, und ein Onkel, ein alter Seemann, hatte sich einen Spaß daraus gemacht, ihm die Terminologie beizubringen. Aber wenn er mit den Fischern ins Gespräch kam, geriet er in Verlegenheit und wurde zerstreut. Er war dem Leben aus dem Wege gegangen, und nun ging ihm das Leben aus dem Wege.

In der kleinen Kirche ließen sich immer nur wenige Fischer sehen. Nicht etwa, weil es in Vangaa an Gottesfurcht besonders fehlte, sondern es war ein Schlendrian eingerissen, so daß man sich dort nur bei den allerhöchsten und wirklich unumgänglichen Anlässen zeigte. Die wenigen Fischer, die von altersher gekommen waren, blieben mit der Zeit ebenfalls fort. Man verstand den Pastor nicht. Man hatte nichts gegen ihn, im Gegenteil: Es wurde bald bekannt, daß er mit seinen bescheidenen Mitteln sehr wohltätig war — man konnte ihm leicht einen Bären aufbinden, und die ärmeren Leute unter den Fischern nutzten ihn aus, aber in die Kirche gingen sie nicht.

Er selbst vermochte es nicht zu begreifen. Er arbeitete an seinen Predigten mit größter Sorgfalt; er war das einzige Kind eines Gelehrten und an Gründlichkeit gewöhnt. Mitunter, vor allem am Anfang, hefteten sich seine Augen, nachdem er unten in den Bänken vergebens die Fischer gesucht hatte, von der Kanzel aus an das «Schiff», das vor ihm an der Kette von der Decke herabhing. Mit kindlicher Freude verweilte er dort, so daß er von seiner Textauslegung abgelenkt wurde, und er mußte sich ernstlich zusammennehmen, um den sehr fein und tiefsinnig gesponnenen Faden nicht ganz zu verlieren. Das Schiff war zu schön.

Im letzten halben Jahr hatte er jedoch bemerkt, daß die Spieren und Segel des Schiffes nicht mehr in gutem Zustand waren. Er sprach darüber mit dem Lehrer, dem Kirchenpfleger und anderen Leuten in der Stadt; sie konnten ihm keinen Rat geben, sie wußten kaum etwas vom Vorhandensein des Schiffes — obwohl es doch dort hing, offenkundig für die ganze Gemeinde, gut zwei Meter lang, mit verstaubten kleinen Matrosen an der Reling, mit einer Flagge unter der Gaffel und einem Toppwimpel.

Dann erschien im letzten Herbst eine Abordnung aus Vangaa beim Pastor.

Sören, der Wortführer der Abgeordneten, schob sich mit seinem Stock und seiner Krücke durch die Tür der Studierstube. Sein Bruder Karl und ein anderer Fischer folgten ihm.

Der Pastor war sehr verlegen, er errötete und stammelte, als er sich nach dem Grund des Besuchs erkundigte, und da der Pastor so verlegen war, geriet auch Sören in Verlegenheit, stammelte und stotterte, so daß Karl ihm zu Hilfe kommen wollte, aber abgewiesen wurde, bis endlich herauskam, daß es am Sonntag vor Weihnachten zwanzig Jahre her war, seit man das Schiff aufgehängt hatte, und nun wollte man gern die letzten Monate dazu benutzen, es herunterzunehmen und es zur Ehre Gottes zu überholen, und dann wollte man es am Sonntag vor Weihnachten wieder aufhängen; deshalb werde der Pastor gebeten, seinen Segen zu geben und nach dem Gottesdienst eine kleine Ansprache zu halten.

«Sehen Sie, Herr Pastor», schloß der Wortführer, «mit Fahrzeugen ist es ja genau wie mit lebenden Menschen; wenn Jahr und Tag vergangen sind, ganz zu schweigen von zwanzig Jahren, wird die Leinwand schlaff und das Rundholz krumm, außerdem verstauben die Winkel. Auf die Kunst, einen Menschen sowohl außenbords als auch innenbords aufzuputzen, verstehen wir Fischer uns nicht recht, aber etwas anderes ist es mit einem Schiff, für das wir alle Geld zusammengelegt haben, und das ich, Sören Olesen, ohne mich selbst rühmen zu wollen, aufgetakelt habe!»

Der junge Pastor errötete abermals, sah Sören an und sagte: «Ich... ich habe selbst bemerkt, daß das Schiff reparaturbedürftig ist. Die Vorstengesaling backbords ist geknickt und... ja, es ist ziemlich beschädigt.»

Sören schaute den schmächtigen Pastor erstaunt an; dann drehte er sich zu den beiden andern um, als wollte er sagen: 'Habt ihr das gehört? Vorstengesaling!'

Für die Ohren der guten Leute klang das wirklich so verwunderlich, wie es dem Pastor geklungen hätte, wenn die Fischer plötzlich Hebräisch gesprochen hätten.

Sören aber räusperte sich bloß und antwortete: «Na ja, darum also, Herr Pastor...»

Der Pastor nickte. «Tun Sie nur das Ihrige, ich werde das meine tun.»

Darauf streckten sich drei große Hände vor, und die kleine Hand des Pfarrers verschwand dreimal, und alle drei Fischer sagten: «Wir danken Ihnen vielmals, Herr Pastor.»

Dann ging die Abordnung. Doch bei der Tür wandte sich Sören und zeigte auf das Spielzeugschiff des Pastors. «Entschuldigen Sie meine Aufdringlichkeit, aber das da ist mir sofort aufgefallen. Ich finde, das Schiff hat es auch nötig, auf die Helling zu kommen, und wenn Sie nichts dagegen haben, Herr Pastor, will ich gern ... irgendwann in der Weihnachtswoche ...»

«Wollen Sie wirklich?» gab der Pastor erfreut zurück. «Sie sind ein richtiger guter Mensch.»

«Ach nein», erwiderte Sören ruhig, «ich bin nur zu Dreiviertel ein richtiger Mensch — und gut ist nur der Eine gewesen.»

«Das war christlich gesprochen!» sagte der Pastor.

«Das war menschlich gesprochen», sagte Sören, aber ganz leise.

Und dann war es Sonntag vor Weihnachten. Vor neun Uhr morgens wurde es nicht hell, doch im schwachen Tageslicht betrachtete Sören sein Werk. Da stand die Fregatte auf dem großen Schemel, in den man Tragstöcke stecken konnte; die Segel waren beschlagen, und auf dem Deck blitzten die zwölf Bronzekanonen; kleine Matrosen mit blauer Bluse kletterten in der Takelung herum, und der niedlichste Kapitän mit Goldtressen an der Mütze stand auf dem Achterdeck; über ihm wehte die Flagge unter der Gaffel, und an der Mastspitze wehte ein weißer Wimpel mit der deutlichen Aufschrift «Seemannsdenkmal». Draußen hatte sich die ganze Jugend des Dorfes versammelt und drückte sich die Nase an den Fensterscheiben platt, obwohl man nicht in die Stube sehen konnte.

Dann war es elf Uhr, und die Männer trugen das Schiff

so vorsichtig, als ob es aus Glas bestünde, aus dem Haus und den Weg hinauf zur Kirche. Alle Einwohner mit hohen und niedrigen Hüten strömten zusammen; es gab ein Klapphorn, zwei Klarinetten und eine Ziehharmonika an der Spitze des Zuges, den Frauen und Mädchen beschlossen. Die Jugend lief ein weites Stück voraus und schrie hurra, und schon mußten die Kinder umkehren, um das Schiff wieder anzuschauen.

Als der eigentliche Gottesdienst beendet war, blieben die Dorfleute auf den Kirchenbänken sitzen, und es kamen immer mehr aus der Umgebung hinzu. Die Kirche war mit frischen Tannenzweigen und um die Kanzel herum mit anderem Immergrün geschmückt. Es herrschte vollkommene Weihnachtsstimmung. Und dann schritten die Männer mit dem Schiff in taktfestem Zuge hindurch. Die Kette wurde von der Decke ganz heruntergelassen; Sören und sein alter Vater befestigten sie mitschiffs an einer Öse, die ins Deck geschraubt war.

«Es müßte eigentlich eine Eisenstange sein», flüsterte Sören dem Alten zu.

«Ist die Kette verdreht?» fragte Ole.

«Nein, ich glaube nicht», antwortete Sören. «Aber stell dir vor, sie verdreht sich!»

«Na, sie wird wohl wieder aufhören», meinte Ole.

Und dann hing das Schiff da. Jeder konnte den Kupferbeschlag am Boden sehen und die vergoldete Galionsfigur und die Kanonen, deren Läufe durch die Luken ragten, und es war kein Auge in der Kirche, das all dies nicht sah.

Der Pastor stand auf der Kanzel; er war sehr blaß, er

hatte die halbe Nacht an seiner Ansprache gearbeitet, doch als er nun hier stand, schien ihm alles, was er nachts mit Gelehrsamkeit und Gründlichkeit zusammengetragen hatte, gleichsam fremd. Dort hing das schöne Schiff — er wagte kaum, hinzuschauen, um nicht zuviel zu sehen, und auf ihn blickten alle diese ganz neuen Gesichter, alle die Fischer, ihre Frauen und Kinder. Noch nie war die Kirche so voll gewesen; er wurde ganz verlegen bei dem Gedanken, zu diesen Menschen sprechen zu müssen, die noch nie hergekommen waren — und vielleicht nie wiederkommen würden.

Da schlug ihm der Duft der Tannenbäume entgegen; das war Weihnachtsduft, und ein Prediger fühlt sich in diesem Duft immer heimisch. Er faltete die Hände, sah vor sich nieder, blickte wieder auf und begann.

Er sprach von der Gnade, der Gnade von oben, den Gnadenmitteln der Kirche, von unserer eigenen Sündhaftigkeit, einer festen Obrigkeit, von einem König, der das Staatsruder hält, von einem noch größeren König, der das Weltenruder hält. Und als er nun dieses Ruder ans Schiffsruder knüpfen wollte, verlor er den Faden, und er fing wieder von vorn mit der Gnade an.

Unten in der Kirche entstand eine bezeichnende kleine Unruhe. Der Pastor schaute hinunter und blickte dann zum Schiff auf — es drehte sich ganz langsam. Es hielt an und drehte sich zurück, und der Pastor hielt inne und benutzte sein Taschentuch. Und da nahm er einen anderen Faden auf.

Er sprach davon, was man in der Baukunst unter dem Schiff einer Kirche versteht. Über diesen Ausdruck seien

sich die Gelehrten nicht einig. Vermutlich habe man das griechische Wort *naos* mißverstanden, möglicherweise mit *naus* verwechselt. Und er begann sehr gründlich zu werden — und wieder drehte sich das «Schiff» dort oben an seiner Kette.

Da war der Pastor ganz verloren, und unten stieg die Unruhe.

Der Pastor starrte auf das Schiff, das wieder ruhig geworden war, und auf dem Wimpel am Topp las er «Seemannsdenkmal».

Da war es, als ginge ihm plötzlich ein kleines Licht auf — vielleicht so ein richtiges und eigentliches Weihnachtslicht. Siehe, da saßen alle die Menschen und schauten mit einer eigenartigen Frage im Blick zu ihm auf. Sie waren ja gar nicht hergekommen, um von den Gnadenmitteln der Kirche zu hören oder von ihrer eigenen Sündhaftigkeit oder von griechischen Wörtern und Redensarten. Es waren arme Leute, die sich auf dem Meer und am Strand abrackerten; es waren lauter große Kinder, alte und junge; sie waren mit ihrer kindlichen Gabe gekommen; sie hingen an diesem Schiff; es war ja ihr eigenes Leben, es stellte ihre Seefahrten und ihre Fischzüge dar, auf und ab, in Sturm und Stille, in kalten Nächten und an frischen Tagen. Es war eine treuherzige Gabe, die der Kirche dargebracht wurde. Wie konnte die Kirche ihren Dank anders ausdrücken als mit ihrem besten Wort: Liebet einander, haltet brüderlich zusammen im harten Lebenskampf und unter dem unergründlichen Gesetz der Vorsehung...

Solcherlei Worte formten sich unwillkürlich auf den Lippen des Pastors. Vergessen war die ganze gelehrte Entwicklung, die ganze auswendig gelernte Rede. Zum erstenmal sprach der Pastor aus dem Stegreif. Und er gebrauchte Wörter wie «Stromversetzung» und «Ankerplatz», und er schloß mit diesem Satz: «Wenn der große Kapitän ruft: Alle Mann an Deck!» Hierauf sprach er das Amen. Und als er hinabschaute, waren alle Augen feucht; und als er wieder hinaufblickte, hing das Schiff so fest und sicher, als ob sich seine Kette nie verdreht hätte.

Draußen wartete Sören auf den Pastor.

«Danke, Herr Pastor. Danke!» sagte der Philosoph.

«Sind Sie zufrieden?» fragte der Pastor leise.

«Ja... als Sie endlich vor den Wind kamen. Zuerst haperte es ein bißchen, aber es hapert ja so oft bei uns. Jetzt verstehen wir Sie unten bei uns!»

Am Weihnachtstag war das ganze Fischerdorf wieder in der Kirche. Es hieß zwar, sie wären nur gekommen, um das Schiff zu sehen; aber Fischer sind nun einmal ein hintergründiges Völkchen.

Am zweiten Weihnachtsfeiertag ließ Sören das Spielzeugschiff des Pastors zur Instandsetzung abholen.

Aage Dons

DER VOGEL UND DIE HOFFNUNG

Niels hätte am zwanzigsten Dezember von Wien abreisen sollen, aber am zwölften mußte er sich wegen einer heftigen Erkältung zu Bett legen, und als seine Lungen angegriffen wurden, sagte der Arzt, er könne die Hoffnung aufgeben, daß er Weihnachten daheim in Dänemark sein würde.

«Frau Krenn wird schon für Sie sorgen.» Dr. Burg warf ihr einen ermunternden Blick zu. Sie sah so gewinnend aus mit ihrer kräftigen Gestalt, die in ein festes Korsett gezwängt war, mit ihrem silbergrauen, kokett frisierten Haar, der kunstvollen Haut und der feinen rosa Seidenbluse. Sie lächelte zurück mit starken weißen Zähnen und strahlenden graublauen Augen, die ein wenig schräg standen. Ja, sie wolle ihn gut pflegen, als ob er ihr eigener Sohn wäre, sagte sie in ihrem wohlgesetzten Deutsch, denn sie stammte aus Pernau in Estland. Und in bittendem Tone fügte sie hinzu: «Verehrter Herr Doktor, würden Sie nicht auch nach meinem Wellensittich Hansl sehen, er hustet so schrecklich.»

Dr. Burg schüttelte den Kopf über alle diese Patienten, weigerte sich jedoch nicht, obwohl es verwunderlich war, ihm so etwas zuzumuten, da er ja kein Tierarzt war. So kam denn Frau Krenn mit Hansl in den Händen, der angsterfüllt zitterte. Sie selbst wagte sich nie zum Arzt, obwohl sie oft höchst beunruhigende Symptome hatte.

Hansl hustete jämmerlich, und seine Mutter hatte die richtige Diagnose gestellt: Bronchitis. Dr. Burg konnte ihr wegen der Heilung nicht viel Hoffnung machen. Frau Krenn zwinkerte mit den schrägen Augen, und auf einmal rannen ihr die Tränen über das zarte Wangenrouge. Als der Arzt gegangen war, fragte sie weinend, ob Niels etwas dagegen habe, wenn sie Hansl bei ihm unterbrächte, weil es im Balkonzimmer so kalt war.

Es war eine typische wienerische Wohnung. Die Besitzerin, Fräulein Dora, die den größten Teil des Tages in der Stadt verbrachte, schlief im Mittelzimmer, das den Durchgang zum Balkonzimmer bildete, wo Herr und Frau Krenn hausten. Niels hingegen war in seinem Zimmer ganz ungestört.

Im Sommer war das Balkonzimmer herrlich mit seiner Aussicht auf den Servitenplatz und die hübsche weiße Kirche, der frischen Luft und der Sonne ausgesetzt; aber im Winter, wenn alle bösen Winde um die Ecke heulten und durch die undichten Flügeltüren drangen, klagte Frau Krenn über den Zug und die Kälte.

Natürlich konnte Niels es nicht abschlagen, Hansl bei sich aufzunehmen, obwohl der anhaltende gequälte Husten nervenzermürbend war. Der Vogel brachte auch Unruhe mit sich, da sich Frau Krenn unaufhörlich an ihm zu schaffen machte. Sie zwang ihn, einen merkwürdigen Kräuteraufguß zu trinken (Heilkräuter waren ihre Spezialität), sie ließ ihn inhalieren und wärmte ihn an ihrem Busen. Die beiden Kranken beanspruchten viel von ihrer Zeit, doch wenn sich Niels wegen der Mühe, die er ihr bereitete, entschuldigte, wehrte sie ab: «Reden Sie nicht davon, Nielsl.»

Er vermutete, daß ihr seine Krankheit gar nicht so ungelegen kam. Schon vor einem Monat hatte sie wegen seiner bevorstehenden Abreise gejammert: «Sie sollten hierbleiben und sehen, wie wir in Wien Weihnachten feiern, Nielsl, wozu wollen Sie jetzt weg?»

An ihrer Zuneigung zweifelte er nicht, aber er wußte recht gut, warum sie sein Bleiben wünschte. Er aß bei Krenns, weil das am bequemsten war, und weil ihm das Essen schmeckte. Und er bezahlte so reichlich, daß das Ehepaar umsonst lebte, was für sie sehr wichtig war. Herr Krenn, der früher in einer baltischen Stadt ein großes Geschäft mit landwirtschaftlichen Maschinen gehabt und gleichzeitig als österreichischer Vizekonsul geamtet hatte, war jetzt nur noch Hilfsarbeiter in einer Druckerei. Und er war nicht mehr jung. «Mein armes Männchen setzt arg zu, er muß die schwersten Sachen schleppen», seufzte Frau Krenn oft. Ihr Mann beschwerte sich nie, aber man sah, daß seine Kräfte aufgezehrt wurden; er war blaß und gebeugt. Nur selten erwähnte er, er müsse sich um eine bessere Stellung kümmern, er habe bloß noch zwölf Jahre zu leben, und in dieser Zeit müsse er Mütterchens Zukunft sichern.

In der Kriegsgefangenschaft hatte Krenn von einem

Perser die Handlesekunst erlernt und eine Zeitlang sich sogar vom Weissagen ernährt. Er mußte immerzu seiner Frau aus der Hand lesen, besonders wenn sie sich schlecht fühlte, was häufig der Fall war.

«Du hast aber eine gute Gesundheitslinie, Schatzl», sagte er immer wieder, «hab keine Angst, es fehlt dir nichts.»

Frau Krenn hatte Todesangst vor Krankheiten und Ärzten. Noch mehr bangte sie um die Zukunft, obwohl ihr Gustl ihr bessere Verhältnisse zusicherte. Diese Furcht rührte vielleicht von ihrem bisherigen Lebenslauf her, der dramatisch und sehr abwechslungsreich gewesen war. Der skeptische Niels hatte schon einiges davon gehört. Sie erzählte gern von einem geliebten Vater und der bösen Stiefmutter aus dem Märchen, von der Ausbildung zur Lehrerin in einem Institut im kaiserlichen St. Petersburg und der Adoption durch einen russischen General, vom großen Gesellschaftsleben in St. Petersburg und Warschau, von der Ehe mit einem «unserer schönen, unvergeßlichen russischen Gardeoffiziere» und seinem frühzeitigen Tod, vom Schrecken des Krieges und der Revolution und von der Begegnung mit Krenn in einem sibirischen Gefangenenlager, von der Flucht nach dem Baltikum und einem ruhigen bürgerlichen Dasein als seine Frau («er gehörte ja eigentlich nicht meinem Stande an, Nielsl»), vom Bankrott und der Heimreise in Krenns Vaterstadt Wien, von dem schwärzesten Elend in den Krisenjahren, einem Elend, das im jetzigen erträglichen Zustand als Arbeitersfrau immer noch ein wenig in Erscheinung trat. Vielleicht zweifelte Niels mitunter an Frau Krenns Glaubwürdigkeit, aber er hörte gefesselt und nicht ohne Mitgefühl zu. Denn diese

Frau litt. Ihre bürgerlichen Ambitionen konnte und wollte sie nicht aufgeben. Und das umfaßte schöne Kleider, eine gute Stellung für Gustl und ein eigenes Heim. Dafür aber gab es im Wien des Jahres 1937 für arme Leute kaum Möglichkeiten. Nein, die Zukunft war ein schwindelerregender Abgrund. Gustl hatte in der Druckerei viele Feinde; er war ja ein Bourgeois, wie Frau Krenn sagte, und die andern Arbeiter waren Rote, und eines Tages würde er wohl hinausgesetzt werden, wenn nicht etwas noch Schlimmeres geschah.

Vorläufig aber lebte man ganz gut. Niels hatte allein durch sein Vorhandensein Frau Krenns Dasein ein wenig erhellt, es stand ihr mehr Geld zur Verfügung, und ab und zu gingen sie zusammen ins Caféhaus oder ins Kino. Sie frühstückten gemeinsam, und der Morgen war Frau Krenns kritische Tageszeit, dann bedrückten sie die Sorgen für den bevorstehenden Tag. Sie klagte: Alles ging schief, Gustl hatte keine Aussichten, obwohl man sich bemühte, ihm durch Niels' einflußreiche Bekannte eine bessere Stellung zu verschaffen; fortwährend hatte sie unter der rechten Brust einen leichten bohrenden Schmerz, und sie wußte nicht, ob es die Galle oder die Leber war; Gustl brauchte so dringend einen neuen Anzug, besonders jetzt, wo er eine neue Stellung suchte... und schließlich die Angst vor dem Alter. Aber Frau Krenns Klagelieder übten auf Niels, dessen Lebensgeister morgens auch ein wenig träge waren, anregende Wirkung aus. So viel Tragik berührte ihn geradezu komisch, so daß es vorkam, daß er zu Frau Krenns sprachlosem Ärger lachen mußte. Dann setzte sie sich auf den Küchenschemel, starr vor Zorn, und ihre schrägen slawischen Augen drückten all das aus, was ihr Mund nicht aussprach. Sie blieb mit höhnisch erhobenem Kopf sitzen und musterte ihn, während er den Tee eingoß. Erst wenn er seinen Honig oder seine Ingwermarmelade hervorgeholt hatte und der Tee duftete und er selbst, angeregt durch ihre Sauertöpfigkeit, sein Mundwerk laufen ließ, taute sie langsam auf. «Ich bin ja ein Stimmungsmensch, Nielsl», entschuldigte sie sich, «ja, ich lasse mich von meinen Stimmungen leider vollständig beherrschen.»

«Wäre es nicht besser, wenn ich meine Weihnachtsbriefe hier bei Ihnen schriebe?» fragte Frau Krenn. «Dann bin ich bei meinen beiden Patienten, wenn sie mich brauchen.»

«Ja, das wäre vielleicht am besten», antwortete Niels. Er sah ein, daß es bei ihm natürlich wärmer war als im Balkonzimmer, auf das der Wind stand, und man sparte ja auch Kohlen, wenn dort nicht geheizt werden mußte.

Frau Krenn befreite seinen Schreibtisch von Büchern, Zeitungen und Papieren und machte sich daran, große leere Bögen vollzuschreiben. Anfangs gleichmäßig und adrett wie ein artiges Schulmädchen, dann aber überwältigten sie die Erinnerungen, das Gesicht wurde unruhig, gequält, und die Tränen begannen zu fließen. Mit bebenden Lippen drehte sie sich zu ihm um: «Ja, Niels, nun heule ich wieder, denn ich muß an meine schöne, goldene Jugend denken. Am meisten suchen mich die Erinnerungen in der Weihnachtszeit heim... dann fühle ich am stärksten, daß die Jugend vorbei ist... diese herrliche sorgenlose Zeit.»

Frau Krenn wählte ihre Worte immer so, daß man sie

sich gut als Gouvernante zur Kaiserzeit vorstellen konnte.

Nun folgte eine lange, bruchstückweise Schilderung: unvollendete Sätze von dem wunderbaren, geheimnisvollen Strandpark daheim in Pernau, von den dunklen Verstecken, wo man mit den unvergeßlichen russischen Gardeoffizieren saß, die so schön von Liebe zu sprechen verstanden. Ja, davon träumte man immer noch in seinen alten Tagen, wenn man am Herd stand und für seinen armen Mann, der sich so abrackern mußte, das Essen kochte... und vor lauter Verträumtheit ließ man die Suppe anbrennen. «Es gibt tatsächlich Tage und Wochen, wo ich wie eine Schlafwandlerin umhergehe; ich tue die Alltagsarbeit, aber eigentlich lebe ich in einem großen Traum von damals...»

Hansl bekam einen besonders schlimmen Hustenanfall, und Frau Krenn stürzte zum Käfig. Sie griff sich ans Herz: «Hansl, mein goldiges Schatzerl du, mein süßes...» Und schnell trug sie ihn zum Ofen, wo die Blechkanne mit dem säuerlich dampfenden Kräutergebräu stand. Hansl mußte inhalieren. Er wehrte sich, und sie verfiel in die russische Sprache, um ihn zu beschwichtigen; es war ein Strom weicher, vokalreicher Wörter, lind wie süßer Hustensirup. Sie summte und jammerte und wiegte ihn in ihren behutsamen Händen.

«Hansl, Hansl, mein Goldherzl, mein Goldhansl.»

Lilly, Hansls Frau, schlug verzweifelt mit den Flügeln an das Käfiggitter, um ihrem Gefährten zu Hilfe zu kommen. Schließlich war der Wellensittich so ermattet, daß er sich nicht mehr zu wehren vermochte; erschöpft ließ er sich von dem herben Dampf einhüllen. Der Husten hörte auf. Frau Krenn seufzte erleichtert auf wie eine befreite Wöchnerin. Sie streichelte den schlanken Leib.

«Es wäre ein sehr schlimmes Vorzeichen, wenn uns Hansl wegstürbe; dann bliebe Lilly allein zurück, und wir würden auch sie verlieren. Ja, es wäre fast, als ob Gustl von mir ginge...»

Frau Krenn nahm alles als Vorzeichen. Die Frauen erschweren sich das Leben so sehr, dachte Niels, schwer ist es ohnehin, aber nicht schwer genug für ihre Herkuleskräfte, für ihren Gefühlsüberfluß.

Als Krenn von der Arbeit heimkam und sich im eiskalten Badezimmer gewaschen hatte, mußte auch er zu den Patienten gehen und sie begrüßen. Er war aufmunternd und lächelte wohlwollend — mit einem einzigen dunklen Zahn im Unterkiefer. Ein schönes Gebiß für Gustl gehörte zu Frau Krenns glühendsten Wünschen. «Wie kann man mit einem einzigen Zahn kauen?» sagte sie immer.

Nun sollte es Abendbrot geben, und Frau Krenn sagte: «Nielsl, Sie wissen doch, daß Dorchen ihr Zimmer gar nicht heizt. Ich versichere Ihnen, es ist bei ihr wie in einem Eiskeller mit der undichten Balkontür. Wäre es nicht gemütlicher, wenn wir alle zusammen äßen?»

Niels war nur froh, daß sie nicht auch noch bei ihm schliefen. Frau Krenn wärmte den ganzen Tag auf seinem Ofen Wasser für die Wärmflaschen. So sparte man Kohlen.

Krenn setzte sich mit einer der kleinen billigen Wiener Zeitungen, dem «Kleinen Blatt» oder der «Volkszeitung», an den Kamin. Im Feuerschein wurde sein blasses Gesicht rosig. Als Entgelt für die Wärme lieferte er Unterhaltung; er las vor, kommentierte und politisierte, und er war nach der Plackerei des Tages gar nicht müde, denn im Verlaufe von zwölf Jahren mußte er Mütterchens Zukunft gesichert haben. Für eine Frau tue man ja alles, hatte er einmal zu Niels gesagt; aber sein Lächeln war nicht mehr ganz so sorglos wie früher.

Der Tisch wurde gedeckt. Der gedrungene, muskulöse Krenn hatte eine angeborene Begabung fürs Dienergewerbe, und Frau Krenn lief hin und her, man mußte ja an tausend Dinge denken – mit zwei Patienten. Wenn Hansl bloß nicht so krank gewesen wäre, hätte es recht gemütlich sein können.

«Die Suppe, Gustl, jetzt servierst du unserem Kranken die Suppe.»

Und mitten in dem Betrieb mit Töpfen und Pfannen – Frau Krenn hatte, um Niels eine Freude zu bereiten, Marillenknödel gemacht – bekam der Wellensittich einen heftigen Hustenanfall, und mit dem Servieren war es aus. «Inhalieren!» rief Frau Krenn. «Das ist das einzige, was hilft, Gustl, ich kann von meinen Knödeln nicht weg!»

Der vierundzwanzigste näherte sich, und es ging immer fieberhafter zu. Briefe und Pakete wurden abgesandt, aber es mußten auch Weihnachtsgeschenke für Gustl besorgt werden, mußte gebacken, gewaschen und gebügelt werden. Es war, als ob Frau Krenn aus dem harten Asphalt der Servitengasse Geld ausgrübe... oder aus den versteckten kleinen Schachteln auf dem Boden des großen Kleiderschrankes im Balkonzimmer? Denn man brauchte viel Geld. Gustl sollte eine Nickeluhr mit Kette bekommen, außerdem Knickerbocker, Schuhe und Strümpfe. Frau Krenn war jeden Tag in der Mariahilferstraße und kehrte todmüde heim, denn sie fuhr aus Ersparnisgründen nicht mit der Straßenbahn. Einkäufe machen war für sie ein System von Bekanntschaften, Empfehlungen, Prozenten und Feilschen. In Läden entwickelte sie zähe Tatkraft, auch eine Geduld, die sie sonst nicht kannte.

Nach der Heimkunft breitete sie die Pakete frohlockend auf Niels' Bett aus. «Wunderbar, nicht wahr?» Eines Morgens bekam sie von ihrem Bruder in Danzig einen eingeschriebenen Brief, der einen Scheck auf fünfzig Schilling enthielt, und obwohl sie einen großen Korb voller Bügelwäsche hatte, saß sie den ganzen Vormittag tränenüberströmt und mit roten Augen an Niels' Bett... ach ja, die herrliche Kindheit in Pernau und der gute, treue Bruder... Bis sie auf einmal von erneuter rastloser Tatkraft ergriffen wurde, die jedoch nicht die Bügelwäsche betraf. Gustl sollte einen neuen Anzug bekommen, denn er benötigte ihn dringend, besonders jetzt, wo er eine neue Stellung suchte... «Heute abend müssen wir nach Mariahilf, nun können wir es uns leisten.»

Zum ersten und letzten Male vernahm Niels dieses Wort aus ihrem Munde. Für kurze Zeit vergaß sie sogar Hansls unaufhörlichen Husten. Ja, sie vergaß auch die Töpfe in ihrer Küche, so daß Gustl angebranntes Erbsenpüree vorgesetzt wurde, aber er erhob deswegen kein Geschrei. «Ja, ich habe einen galanten Mann, Nielsl», sagte Frau Krenn später.

Die Bronchitis des Wellensittichs hatte sich kaum verschlechtert, aber er hustete immerzu mit trockenem, sprödem Geräusch, das Niels in den ersten Tagen unerträglich vorgekommen war. Allmählich hatte es sich in die vielen Geräusche des Tages gemischt, und schließlich hörte er den Ton in seinem leichten Fieberdösen gar nicht mehr. Wenn Frau Krenn durch das bevorstehende Fest nicht in solch exaltierten Zustand versetzt worden wäre, hätten die Leiden des geliebten Tierchens längst ihre Nerven zermürbt, aber diese Orgie von Betriebsamkeit, von kindlicher Spannung und Sehnsucht und von tausend Erinnerungen berauschte sie und machte sie zeitweilig unzugänglich für andere Eindrücke. Allerdings lief sie unzählige Male zum Vogelbauer, ließ nie in der Pflege nach, doch die vielen Pflichten des Tages riefen sie bald wieder weg. Und wenn sie, mit Paketen beladen, von ihren Einkaufsexpeditionen zurückkehrte, hatte sie so viel zu erzählen: «Die Weihnachtsbäume, die schönen, herrlichen Weihnachtsbäume... daß Sie sie nicht zu sehen bekommen, Nielsl! Jetzt sind sie überall angezündet, bei der Burg, vor der Oper und der allerschönste vor dem Stephansdom. Und was für eine Menschenmenge in der Kärntnerstraße! In den Geschäften ist eine Eleganz ohnegleichen.»

«Eleganz...» Sie sah an sich hinunter und sagte in einem Anfall von Schwermut: «Ja, vor dem Krieg, da war es noch etwas anderes... Als ich in Petersburg lebte, fuhr ich Weihnachten gern für drei Wochen nach Pernau, beladen mit Weihnachtsgeschenken, die Börse voller Geld und das Herz voller Liebe zu meinem Gardeoffizier. Schon wenn ich in Walk in den Bummelzug umstieg, konnte ich Pernau riechen, alle Schaffner kannten einen, alles war so vertraut und heimelig... Wie gut erinnere ich mich an den Strandpark in Pernau mit den verschneiten Tannen, ja, dort habe ich mich oft mit den Offizieren getroffen. Ja, ja, das ist vorbei. Jetzt ist es mein glühendster Wunsch, daß Gustl eine ordentliche Stellung findet und ich eine hübsche kleine Wohnung bekomme...»

Hansls Husten war zu einem heiseren Schrei geworden, mitunter bloß zu einem Zischen, als ob er zu erstikken drohte. Die blauen Brustfedern waren merkwürdig zerzaust. Frau Krenn lief zum Käfig, wärmte den Vogel in ihren Händen und küßte ihn.

Dann kam der Tag, grau und überzogen, aber windstill.

«Es wird schneien», weissagte Krenn, der frühzeitig von der Arbeit heimgekehrt war und seiner Frau beim Braten der Gans, die Niels gestiftet hatte, helfen sollte. Sie war erschöpft vom Hochbetrieb und von der Aufregung der letzten Wochen, und nachmittags mußte sie sich auf Niels' Sofa hinlegen. Vor Müdigkeit fiel sie sofort in Schlaf, und auf dem vollen Gesicht zeichneten sich die tausend Sorgen ab. Sie schnarchte leise, und sie rührte sich nicht — wie versteinert lag sie da.

Niels kannte Frau Krenn in fast allen Daseinserscheinungen: morgens die formlose, verschlafene Frau; vormittags die Abgehetzte im Kittel und oft mit einer schwefelgelben Eiermaske auf dem Gesicht, die sie für Gustls abendliche Heimkehr verschönern sollte, und nachmittags die Adrette, die äusserlich um keinen Preis ihre Armut zugeben wollte und sich trotzig wie eine Dame aufführte. Und als sie sich am Weihnachtsabend an den Tisch setzte, trug sie ein schönes stahlgraues Kleid von gleicher Farbe wie das kokett frisierte Haar, und um den Hals hatte sie einen blutroten Schal, der genau zum Lippenstift paßte.

Stolz und zufrieden blickte sie sich um, denn das Zimmer war angefüllt mit Blumen, die Niels' teilnehmende Wiener Bekannte geschickt hatten. Das Fenster mußte spaltbreit offen bleiben, damit der Duft nicht zu stark wurde. Auch der mit Kerzen, Lametta und Schnee geschmückte Weihnachtsbaum duftete.

Der Gänsebraten wurde mit großem Appetit verzehrt. Der Nachtisch bestand aus einer Sachertorte — beim Konditor bestellt, denn Frau Krenn durfte sich ja nicht überanstrengen. Zum Abschluß gab es Mokka mit viel Schlagrahm.

«Wir zünden den Baum immer erst an, wenn die Servitenkirche neun Uhr schlägt», sagte Frau Krenn. Und nun warteten sie ein wenig abgespannt, denn eine einmonatige Weihnachtsstimmung kann leicht einen Rückschlag herbeiführen, wenn der große Abend endlich kommt. Man mußte auch Kräfte sammeln, um den Geschenken die gebührende Begeisterung zollen zu können.

«Könnte man heute abend doch mit seinen Geschwistern zusammen sein», sagte Frau Krenn, die in Gedanken wieder einmal in Pernau in der schönen goldenen Jugendzeit weilte. «Wie feiern Sie daheim Weihnachten, Nielsl?»

Er sah die heimatliche Stube vor sich, den Baum, der bis zur Decke reichte, die vielen Menschen, den dänischen Überfluß. Er mußte sich mit einem Lächeln begnügen, beschreiben konnte er es ja doch nicht.

«Ja, in Pernau ...» begann Frau Krenn, kam jedoch nicht weiter.

«Aber jetzt sind wir in Wien, Herzl», sagte Krenn munter, «und jetzt soll der Baum angezündet werden.»

Frau Krenn flog auf, unerbittlich bedeckte sie Niels' Augen mit einem Tuch, er durfte den Baum erst sehen, wenn die Kerzen brannten.

Natürlich war der Baum eine Offenbarung. Und dann sangen Herr und Frau Krenn «Stille Nacht, heilige Nacht», alle Strophen, und Hansls Krächzen wurde eine Weile übertönt, und als das Lied zu Ende war, stärkte man sich mit einem Gläschen Likör, bevor man sich mit den Geschenken befaßte.

In dieser Nacht konnte Niels nicht einschlafen. Obwohl alle Blumen auf den Flur hinausgeschafft worden waren und die Fenster offen standen, war im Zimmer immer noch ein schwerer Geruch von Tannengrün und Stearin, von Zigaretten und dem ewigen Kräutertee. Weihnachtsnacht... Von der Servitengasse drangen Autohupen und laute Stimmen herauf, und alle Viertelstunden ertönten die Glockenschläge der Kirche. Und Niels wußte, daß es schneite, denn alle Geräusche kamen wie durch Watte zu ihm.

Plötzlich durchfuhr es ihn, daß ein Geräusch fehlte. Nein, seine Uhr tickte zuverlässig am Kopfende des Bettes, sie war nicht stehengeblieben. Er richtete sich auf und lauschte, als ob es sein Leben gälte.

Hansl hustete nicht mehr.

Niels' Augen wurden feucht. Hansls Tod würde für Frau Krenn eine furchtbare Überraschung sein. Und das am Morgen des ersten Weihnachtsfeiertages. Sie würde um ihren geliebten Vogel klagen und jammern und seinen Tod als ärgstes Unglückszeichen betrachten.

Es war spät, als Frau Krenn am Weihnachtsmorgen mit

Niels' Tee hereinkam. Nach den vielen anstrengenden Vorbereitungen fürs Fest brauchte man ja Schlaf, und Gustl, der arme Kerl, mußte nicht zur Arbeit gehen.

Schon auf der Türschwelle blieb sie stehen, ungläubig lauschend. Hansls trockenes, gequältes Krächzen war verstummt.

War ein Wunder geschehen?

Sie stellte das Teetablett ab. Widerstrebend ging sie zum Käfig und nahm das Tuch fort, das den Vogel vor Zug schützen sollte.

Dann machte sie langsam die Käfigtür auf und nahm den toten Hansl in die Hand. Die Stille wurde zu einem dumpfen unerträglichen Geräusch.

Niels' Augen wichen nicht von Frau Krenn, von seiner unförmigen Morgenfrau ohne Korsett, einer müden Frau mittleren Alters, die noch nicht zum harten Tageskampf erwacht war, um sich einen Anflug des Jugendlichen zurückzuerobern.

«Er ist schon kalt», sagte sie fast unhörbar, und das war ein Schrei in diesem Zimmer, wo allzu große Stille herrschte, seit Hansl nicht mehr hustete.

«Jetzt ist Lilly verwitwet», sagte sie, und in dem weißgrauen Schneelicht von draußen war ihr Gesicht ruhig wie das eines Menschen, der bereit ist, seinem Schicksal zu begegnen.

Frans Eemil Sillanpää

AM WEIHNACHTSABEND

Wenn ihr in der Stille eurer Einsamkeit leise das Wort Weihnachten vor euch hin sagt, dann verflüchtigen sich alle nur äußerlichen Freuden und alle eitlen Nutzlosigkeiten, und es kehrt bei euch die Stimmung ein, die dieses eine Wort allein euch schenkt. Das Bild eines Augenpaares, das mit warmem Glanz auf euch niederblickt, wird euch innerlich gegenwärtig — zwei Augen, deren Leuchten nie und nimmer in eurer Seele erlöschen kann: die Augen eurer Mutter.

Ich bin kein gelehrter Mann der Kirche, und deshalb darf man von mir keine Weihnachtspredigt erwarten. Ich bin ja nur ein kleiner Kätnerjunge aus der Landschaft im Herzen Finnlands. Und mein Glaube schließt in sich, daß die Vorstellungen eines jeden Menschen vom Weihnachtsfest darauf beruhen, welche Eindrücke die Weihnachtsfeste seiner Kindheit ihm hinterlassen haben. Laßt mich deshalb in dieser festlichen Stunde erzählen, wie die Weihnachtsstimmung meiner eigenen Kindheit war. Bestimmt habe ich mich schon früher einmal an so etwas versucht, aber mir will im Augenblick scheinen, daß ich mich trotzdem nicht ernstlich wiederhole. Weihnachten selbst ist ja doch geistig und leiblich eine unaufhörliche Wiederholung. Folge mir also bei meinem Versuch, mein lieber Nächster!

... So war es denn mit Franssu und Miina — nachdem sie sich gefunden hatten und miteinander im Stande der Ehe vereint worden waren — so weit gekommen, daß sie ihre unvergeßliche Kate gebaut und ihr den Namen Sillanpää gegeben hatten. (Sillanpää = wörtlich: Brückenkopf; d. Übers.). Alles, was sie an Umzugsgut besaßen, hatte auf einer kleinen Fuhre Platz, und meine Mutter Miina wurde niemals müde, das hervorzuheben, wenn die Rede auf dieses Ereignis kam. Und in der Sillanpää-Kate hielt dann ihre erste gemeinsame Weihnacht Einzug. Ein so ungeheuer stattliches Fest war das nun gerade nicht, und doch fühlten sie es; in allen den kleinen Dingen, in allen den sogenannten Schattierungen des Lebens konnten sie es sehen, hören, riechen, schmecken und — vor allem fühlen zuinnerst in ihren Herzen. Eine kleine Kätnerstelle im Herzen Finnlands, in deren nächstem Umkreis auch nicht der Rauch aus einem einzigen anderen Schornstein zu entdecken war, aber deren kleinste Hütte und alle anderen unansehnlichen Nebengebäude ihr eigen waren — das war ihr heiß und teuer erworbener Schatz.

«Und wenn es auch nur drei Ecken hat — Hauptsache ist, daß es einem selbst gehört!» Das war die feste Überzeugung und Wohnungspolitik von Frans Henrik Henrikssohn Koskinen, nachmals Sillanpää. Hier konnten er und seine Frau und später auch ihr Sohn ein- und ausgehen, wie ihnen behagte. Hier waren die Ritzen zwischen den Balken der Wände sorgfältig gedichtet, und als später Ecken und Wände sich gesetzt hatten, erhielten sie einen Bewurf aus Lehm. Hier gab es weder einen kalten Zug noch sonst etwas Abträgliches, was auf ein liederliches Bauen zurückzuführen gewesen wäre. Und vor allen Dingen: es war ihr eigen.

Nun hatte es sich durch den Willen des alles lenkenden Höchsten für Franssu und Miina so gefügt, daß sie jäh und auf tragische Weise alle ihre Kinder verloren hatten — alle außer dem Jüngstgeborenen, eben jenem Frans Eemil, der jetzt hier vor euch sitzt und euch sein unvollkommenes Machwerk vorliest. Und als das Leben diese Wendung genommen hatte, machte sich das äußerlich für sie wie für mich bemerkbar. Da ich das einzige Kind auf der kleinen Kätnerstelle war, wollten meine Eltern mir eine für mein Alter passende Gesellschaft zum Weihnachtsfest besorgen. Und weil sie darauf bedacht waren, werde ich ihrer stets mit ehrfurchtsvoller Dankbarkeit gedenken. Sie wußten, daß zum Schönsten am Weihnachtsfest die helle Kinderfreude gehört, und ohne ihr fürsorgliches Zutun wäre die von ihrer Kate ferngeblieben.

... So war es denn Weihnachten geworden in der Sillanpää-Kate, die in der Hämeenkyrö-Gemeinde lag und zum Ollikkala-Hof gehörte, und Syrjäläs wackerer Väinö war zur Gesellschaft und zur Freude des kleinen Frans Eemil da. Väinö habe ich's zu verdanken, daß ich damals einen richtigen Weihnachtsbaum bekam; denn schwerlich wäre mein etwas bärbeißiger Vater in den schneeverwehten

Wald hinaus gewatet, um mir einen zu holen. Mit Väinö zusammen aber holten wir uns einen von irgendwoher, stellten ihn in der Stube auf und wollten ihn schmücken. Doch im Rahmen der Möglichkeiten, die damals zu Gebote standen, einen Weihnachtsbaum zu schmücken, das hielt schon viel schwerer. Den schönsten Schmuck bildete ein schmaler, langer, bunter Papierstreifen, der auf eine besondere Art und Weise so gefaltet und geschnitten wurde, daß er, wenn man ihn auseinanderzog, eine Art Netz bildete, das sich der Länge nach dehnen ließ. Auseinandergezogen, wurde dieser Streifen an den Zweigen der Tanne aufgehängt und schmückte auf diese Weise den ganzen Baum. Der eßbare Schmuck wurde mit Drähten an den Enden der Zweige befestigt. Um jene Zeit gab es auf den Christbäumen der Waldbewohner keine Watte und kaum Kerzen. Auf dem Fußboden der Stube aber war Stroh ausgebreitet, und das war es, wovon die höchste und innigste Festtagsstimmung ausging.

Erst gingen Mutter und ich allein in die Badstube. Und dort, oben auf der Schwitzbank, fing meine Mutter an zu lauschen und hieß auch mich, die Ohren dafür aufzutun, wie Weihnachten kam. Tatsächlich, man kann mir's glauben: der kleine Junge meinte, durch den pochenden Schlag seines Blutes hindurch zu hören, wie es geschah: daß Weihnachten kam. Denn gekommen war es. Als wir in die Stube zurückkehrten, nackt und nur das Hemd in der Hand, war die Mitte der Stube mit frisch duftendem Roggenstroh ausgelegt. Alles, was an der sorgsam geputzten Lampe aus Metall war, lächelte dem Jungen mit den großen Augen freundlich entgegen, und er spürte in seinen sauberen Nasenflügeln den würzigen Duft des wohlbekannten Weihnachtsmahls. Der vorbereitende Teil des Weihnachtsfestes war damit zu Ende. Das große Fest hatte begonnen. Es fiel kein Wort. Dies war eine der Stunden, da der unansehnliche Sohn der unansehnlichen Hütte den hohen Wert des Schweigens zu würdigen verstand. Und dies war der einzige Abend im ganzen Jahre, an dem der Junge nach dem Besuch der Badstube wieder seine Hosen anziehen durfte. Allein in dieser Kleinigkeit lag etwas, das sich nie und nimmer mit Worten ausdrücken läßt. Da auf dem immer noch nach frischer Luft im Freien duftenden Stroh sitzen zu dürfen, das wohlige Gefühl nach der Badstube im ganzen Leibe, und Hosen anzuhaben! Ja, seht, da habt ihr die feinste Schwingung der Weihnachtszeit, und nichts — bis auf meine alten Tage — hat die Wirkung dessen übertroffen. Vieles bin ich meinem eigenen Schicksal schuldig, auch daß ich diese Stimmung so ganz und so echt in mir bewahre, aus jenen Zeiten, da irgendwo weit hinter mir.

Dank Euch, liebe Mutter droben im Himmel, für alles, was Ihr getan habt; daß Ihr so vollkommen und so schön die Voraussetzungen für diese Stimmungen geschaffen habt, gerade in jenen Jahren …

Kaj Munk

WEIHNACHTEN
(Lukas 2, 1/14)

Würde man Kanonen genau auf die Sterne richten, um sie abzuschießen, fiele doch kein einziger. Sie sind ja so zuverlässig, die Sterne. Und wie sind sie uns wieder teuer geworden. Es gab eine Zeit, da waren sie aus der Mode gekommen. Wir waren so tüchtig geworden, daß wir selbst Licht machen konnten. In den Städten wußte man nicht, daß der Sterne viel mehr waren. Sogar auf dem Land fuhren die Leute im Auto oder jedenfalls mit dem Rad, das prahlend Scheinwerferlicht vor sich hin warf. Da aber kam ein großer Zauberer und blies alle unsere selbstgemachten Lampen aus. Was sahen wir nun? Die Sterne sahen wir, und wir erkannten, daß sie stets da waren, daß sie uns so hell leuchteten, wie sie von unseren Vorfahren besungen worden sind. Die zuverlässigen Sterne! Sie sind so fern, daß wir ihnen keinen Schaden anzutun vermögen, und uns doch so nahe, daß sie uns so viel Gutes tun können.

Die zuverlässigen Sterne! Es gibt hier auf der Welt etwas, worauf wir uns verlassen dürfen. Ist es wirklich? Es scheint uns doch so, daß . . . ja, aber es ist wirklich. Der Nordstern — er steht nicht den einen Abend im Norden und den nächsten im Süden. Der Große Wagen tarnt sich nicht. Er zog seine Bahn über den Himmel, ehe der erste dänische Seemann in der Nacht das Meer befuhr. Siehe, er hat die Hand fest am Ruder und steuert durch die wechselnden Zeiten der Geschichte Dänemarks. Wieso ist die Hand so fest, obwohl sich das trügerische Element unter ihm krümmt und zischt und ihn dahin und dorthin wirft? Sie ist fest, weil sein Blick auf etwas über ihm gerichtet ist, das unverrücklich fest steht. Die zuverlässigen, treuen Sterne weisen ihm den Weg. Der Steuermann vermag seinen Kurs zu halten, weil er mit der Ewigkeit im Bunde ist; Grundlage für sein Dasein ist die Erkenntnis, wie sich der Himmel zur Erde verhält.

Die treuen, ewigen Sterne!

Wer murrt da? Wer schlägt uns mit einem Lineal auf die Finger? Ja, es ist die Astronomie. Sie sagt, nun werden wir zu lyrisch. Sie sagt, die Sterne sind weder freundlich noch ewig; die Sterne sind nichts anderes als Eisen, Kupfer, Zink, Natrium, Wasserstoff und dergleichen, sie werden einmal Feuer fangen und folglich ausbrennen. Dann wird es auch dort oben dunkel sein.

Du liebe Zeit! Wenn die Astronomie das sagt, dann muß es stimmen; die Astronomie ist eine Wissenschaft, und die Wissenschaft weiß Bescheid, so daß wir nur mit dem Hut in der Hand dastehen und unseren Dank sagen.

Es gibt aber auch den Theologen und Dichter Grundtvig. Er ist eine Wissenschaft für sich. Hören wir nun, was er sagt:

Schön ist das Himmelsblau,
Droben sehen wir das Licht,
Wo die goldnen Sterne blinken,
Wo sie lächeln, wo sie winken,
Uns auf Erden und für sich.

Da können wir ganz innen im Herzen fühlen, daß auch Lyrik eine Wissenschaft ist, von einer Wahrheit und Kraft wie jede andere. Die gewaltigen, unfaßlichen Feuer draußen im Weltenraum sind angezündet, zu welchem Zweck sie auch brennen mögen, so leuchten sie doch gleichzeitig für uns. Es ist mit ihnen wie mit den Blumen, die Düfte und Farben verschwenden, um die Bienen anzulocken, aber gleichzeitig sind diese Düfte und Farben Geschenke für uns Menschen. Die Sterne am Himmel, das sind die Blumen in Gottes prächtiger Aladinshöhle. Wir Lieblinge des Glückes — sehen wir doch, wie vertraulich sie uns zublinken, mit uns das Geheimnis teilen, welches Gottes Gnade und Macht heißt, sehen wir, wie sie lächeln und winken uns auf Erden und für sich.

Das Weihnachtsevangelium — das ist die einzige Erzählung, die ich kenne, die alles Schöne enthält. Darin gibt es eine junge Frau, die lieblichste der Welt, gleichzeitig Geliebte und Mutter; darin gibt es ein kleines Kind, Glaube, Hoffnung und Liebe der Menschheit; darin gibt es Hirten auf dem Felde, und darin gibt es Musik, ein

Festtagskonzert des himmlischen Orchesters. Und darin kommt auch ein Esel vor, der schreit. Denn wir sollen alles auf einmal haben. Und das hier auf der Erde, die vergeht. Und darin ist das schönste Gedicht, das jemals gedichtet worden ist; es hat nur drei Zeilen, aber wer kann es anhören, ohne daß ihm Tränen aufsteigen:

Ehre sei Gott in der Höhe,
und Friede auf Erden,
und den Menschen ein Wohlgefallen!

Das ist Zukunftsmusik, ja, Volks- und Sphärenmusik in einem.

Natürlich kommt darin auch ein Stern vor, der schönste sogar, der in der langen Nacht des Menschengeschlechts am Himmelsgewölbe gestrahlt hat.

Es war inmitten der Weihnachtsnacht,
Da erglänzte im Dunkel ein Stern so sacht.
Doch auf einmal war er zu schauen
Ganz deutlich am Himmelsblauen
Gleich einer Sternensonne.

Meine lieben Zuhörer, ihr seid wohl in der Kirche gewesen und habt von dem Stern vernommen. Aber ich denke mir, daß viele von euch jetzt das Radio angestellt haben, manche, die krank sind und keine Treppe steigen können, einsame Alte weit draußen auf der Heide, und manche, die von Sorgen und Not bedrückt sind, so daß es weh tut, die Freude der andern zu sehen. Ich wünschte, ich könnte den Weihnachtsstern über euch erstrahlen lassen.

Der Weihnachtsstern heißt Jesus Christus. Er ist der Menschheit Kompaß. Er ist noch zuverlässiger als jeglicher Stern am dunklen Winterhimmel, und sein Herz ist mitten in der Kälte des Weltenraumes ein unlöschbares Feuer der Liebe.

Ihr Mütter, die ihr ein Kind begraben habt, ihr alle, die ihr das Liebste verloren habt, ihr, die ihr einander liebtet und gewöhnt wart, Weihnachten gemeinsam zu feiern, und nun vielleicht nicht einmal einen Gruß erhaltet, ihr Fernen, die ihr weit fort gereist seid, hört ihr, wir alle haben den Erlöser gemeinsam, das Kind in Bethlehem; der Stern, Jesus Christus, leuchtet über Leben und über Tod.

Ich selbst werde in diesem Jahr zum erstenmal Weihnachten ohne meine Mutter feiern. Aber wißt ihr, was ich tun werde? Ich werde am Abend einmal hinausgehen und zu den Blumen aufblicken, die auf der Himmelswiese strahlen, und du sollst mit mir gehen. Kannst du nicht, so lösch das Licht und mach den Fensterladen auf oder sammle deinen Geist auf den «Zweig des Lebensbaumes» und laß die Lichter dort deine Himmelssterne sein; denn das bedeutet der Weihnachtsbaum ja eigentlich, daß die Sterne vom Himmel niedergestiegen sind und in dein Zimmer kommen, um dir wirklich nahe zu sein. Und dann wollen wir einen Augenblick still sein und nur lauschen.

Als ich ein Kind war, geschah es manchmal, wenn ich am Weihnachtsabend zufällig eine Weile allein im Zimmer war, daß es mir schien, als hörte ich die Engel in den Zweigen des Christbaumes raunen. Ob wir wohl auch heute abend, wenn wir von ganzem Herzen lauschen, in der heiligen Stille der Weihnacht Stimmen hören werden, die wir verstummt oder allzu fern glaubten?

Ja, die Sterne werden es uns erkennen lassen, daß unsere Erde ja nicht größer ist, als Gottes Himmel sie umspannt; wir sind nicht so allein, wie wir vermeinen; sie sind nicht so weit fort, die wir vermissen; sie sind uns näher, als wir wissen; wir sind mit ihnen zusammen in der Liebe Gottes, und Jesus, der Weihnachtsstern, weist uns den Weg zu dem Reich, wo die Getrennten einander wiederfinden und wo die Freude allein vollkommen ist.

Ist es vermessen, in dieser Zeit des Hasses und der Sorgen von Liebe und Freude zu sprechen? Laßt Weihnachten uns den Glauben geben, der uns diesen Mut verleiht. Laßt uns die Menschen lieben, weil wir diesen Glauben nicht entbehren können. Die Zeit des Hasses und der Sorgen währet nicht ewig. Vielleicht ist der Tag näher, als wir meinen.

Dies sei unser Weihnachtsgebet in der Stille unter den Sternen.

(Predigt, gehalten im dänischen Rundfunk am Weihnachtsabend 1942)

Johan Skjoldborg

DER ÜBERLISTETE TEUFEL

In seinen jungen Tagen war er ein großer Raufbold gewesen, den man von den nordjütländischen Märkten und Spielstuben her kannte. Er war es aus Lust, aus Begabung und aus innerem Drang. Wenn die letzte Rauferei allzulange her war, zog es ihn unwiderstehlich zum Städtchen und zu Festplätzen, wo sich viel Volk tummelte, so daß sich Gelegenheit bot, die Kräfte mit einem Erwachsenen zu messen. Das geschah nicht aus Schlechtigkeit. Er wollte spielen, vor allem Widerstand überwinden, je größer, desto besser.

Später, als er verheiratet war, schlug er sich mit dürrem Heidekraut, mit Steinen und großen Bäumen herum, wo immer er auf derartige widerspenstige Dinge traf. Seine Hände waren wie Pranken. Wenn er es mit einem wirklich sperrigen und widerspenstigen Stein in der Heide zu tun bekam, konnte er nachts aufwachen, an den Stein denken und murmeln: «Na warte nur!» Und am Morgen goß er schweigsam und hitzig den Kaffee hinunter — er sehnte sich danach, hinauszukommen und auf den Gesellen loszugehen, und wenn sich der Gegner endlich ergab, lachte er leise aus tiefer Brust.

Ja, früher fluchte er, daß es ringsum blitzte und donnerte, und früher leerte er täglich eine Flasche Schnaps.

Das hatte er nun hinter sich, seit er erweckt war.

Er ließ sich schwer bekehren. Nicht etwa, weil er schlecht war, o nein, er war eigentlich fromm und sanft, besonders Kindern und Tieren gegenüber; schon oft hatte er sich für ein Tier eingesetzt, wenn es benachteiligt oder mißhandelt wurde. Aber das kam ihm gerade recht, denn er schlug sich ja gern.

Nach vielen vergeblichen Versuchen von verschiedenen Seiten richtete ein eifriger junger Pastor, der neu in die Gemeinde gekommen war, den Hauptangriff auf ihn. Der Pastor fand den Zeitpunkt geeignet, als er vernahm, daß Jens Steinbrech — zum erstenmal in seinem Leben — erkrankt war. Der Pastor wußte, daß Jens Steinbrech eine harte Nuß war, und so fuhr er mit der heißesten Artillerie der Hölle auf, um ihn zu schrecken. Zuerst schilderte er die entsetzliche Hitze, die im Reich des Teufels herrschte, danach die unleidlichen Qualen, denen die Insassen fortwährend ausgesetzt waren, wie sich das Feuer immer mehr ins Fleisch einbrannte, wie der Leib gerädert wurde, wie unstillbarer Durst unter unbeschreiblichen Martern diejenigen quälte, die sich in der heißen Schwefelluft der Hölle aufhielten . . . und so fort. Und all das Stunde um Stunde, Tag für Tag, Woche für Woche, Monat für Monat, Jahr für Jahr, ein Jahrhundert nach dem andern bis in alle Ewigkeit.

Als der Pastor endlich fertig war, seufzte Jens Steinbrech, als käme ihm das wirklich sehr schwer erträglich vor.

Und der Pastor glaubte, die erste Wirkung seiner Schilderung zu merken.

Hierauf fragte ihn Jens Steinbrech: «Dorthin kommen also die meisten Menschen, wenn ich Sie richtig verstanden habe?»

Ja, das stimme, es seien nämlich die Unbekehrten.

Jens Steinbrech bedachte sich, er überlegte etwas.

Plötzlich öffnete er seinen breiten Mund: «Ja, wenn sie alle es ertragen können, so mag der Böse mich ruhig auch vorkriegen!»

Der Pastor war aus dem Felde geschlagen. Und es verging abermals geraume Zeit.

Gleichwohl kam der Tag der Bekehrung. Kein Priester war der Vermittler, sondern ein anderer heiliger Mann, ein wandernder Missionar, mit dem Jens Steinbrech früher einmal bei der Eisenbahn zusammen gearbeitet hatte, und damals war er ein richtiger Donnerskerl gewesen.

Der wandernde Missionar, den Jens Steinbrech früher gekannt hatte, und den er deshalb als seinen alten Kameraden betrachtete, führte eine kräftige Sprache, die Jens Steinbrechs Ohren sehr vertraut klang. Der langen Rede kurzer Sinn: Jens Steinbrech sei vom Satan und dessen Engeln beherrscht, sei besessen vom Satan, die ganze Welt sei voll von Teufeln, von ganzen Heerscharen, wie es geschrieben stehe.

Das war eine geradlinige und leicht faßliche Rede. Jens wollte nämlich selbst nichts Böses, etwas Fremdes nahm manchmal von ihm Besitz, jawohl, und beherrschte ihn.

Ja, er war besessen — richtig. Der Mann hatte recht, und eben das hatte er bisher nicht verstanden.

Jens Steinbrech war an diesem Tag besonders empfänglich. In der vergangenen Nacht hatte er sich nämlich nach einer mehrtägigen Spritzfahrt in den Hügeln und Hohlwegen wild ausgetobt, hatte sich mit den Kerlen herumgeschlagen und gezankt, genau wie der Mann es sagte. Die Welt war voll von Teufeln. Ja, da hatte er seine Kräfte gebraucht. Erstaunlich, daß er ihnen lebend entkommen war; der eine gab ihm einen Hieb über die Knie, so daß er zusammensank; ein anderer schlug ihn im östlichen Straßengraben nieder, und kaum hatte er sich aufgerappelt, da wurde er vom dritten in den westlichen Straßengraben getrieben, so daß er glaubte, Arme und Beine gebrochen zu haben — genau wie der wandernde Missionar, der früher so ein Donnerskerl gewesen war, es ihm ausgemalt hatte. Ja, sonderbar, daß er sich hinausgekämpft hatte und trotzdem mit allen heilen Gliedern und Kleidern heimgekommen war. Zwar hatte er sich ein paar Rippen angeknackst und das Handgelenk verstaucht, aber das spielte keine Rolle.

Ja, der Missionar, der früher ein Donnerskerl gewesen war, hatte recht. Ihm verdankte er eine neue Einsicht, eine Erweckung, einen neuen Widerstand, mit dem er kämpfen konnte.

Wenn er fluchte, war es ein gemeiner Teufel, der in ihn fuhr, und wenn er sich vollaufen ließ, mußte er sich mit vielen Teufeln balgen; im ganzen war es der Satan selbst, der ihn niederschlagen, über ihn gebieten und ihn beherrschen wollte.

Aber daraus sollte nichts werden. Jedenfalls ergab er sich nicht kampflos. Dieser neue Gesichtspunkt paßte ihm recht gut; nun war die Sache klar zum Kampf, nun konnte er sich an etwas Persönliches halten.

So wurde Jens Steinbrech bekehrt. Und von diesem großen Tage an schlug er sich mit dem Teufel und dessen Abkömmlingen. Und er tat es mit Wonne und guter Laune. Er beteiligte sich an allen religiösen Versammlungen, welcher Art sie auch sein mochten; er sang die geistlichen Lieder mit seiner kräftigen Stimme, was er nur konnte, er sang mit Kampfeslust in der Brust und in dem Gefühl, den Feind in die Flucht zu schlagen. Er sprach mit allen Menschen, denen er auf Weg und Steg begegnete über den Satan; es dünkte ihn nämlich, daß dies jetzt das wichtigste von allem auf der Welt wäre.

Nie vergaß er den denkwürdigen Erweckungstag, wo sich der wandernde Missionar, der früher ein Donnerskerl gewesen war, im Heidekraut auf die Knie warf und für einen unbekehrten alten Sünder betete und rief. Jens Steinbrech kniete unwillkürlich neben ihm nieder. Sie waren eins dort draußen unter freiem Himmel, und der Missionar rief weiter, bis er heiser wurde. Jens Steinbrech begann zu murmeln, und hernach rief er mit, und er zankte den Teufel aus. Irgend etwas tat sich auf, denn als er sich erwärmte, als ihm das Blut zu Kopf stieg, fand er die sonderbarsten, wildesten Ausdrücke, die weder er selbst noch ein anderer je zuvor gehört hatte, und die Worte flossen ihm von den Lippen wie einem Priester.

Ja, seit jenem Tage begann er ein neues Leben ... aber seinen Weihnachtsschnaps wollte der Satan unbedingt haben, ach! Es war wirklich ein arger Teufel, der ihn überrumpelte.

Natürlich auch zu Ostern und zu Pfingsten, an allen Feiertagen und selbstverständlich an seinem Geburtstag, ja, und an den großen Markttagen im Oktober, wenn die Ernte unter Dach und Fach war ... damit fertig. Das stand fest. Und mochte sein Mund früher auch voller Eiter und Gift und schlechtem Speichel gewesen sein, jetzt fluchte er nie, außer wenn er in irre Wut geriet oder überrumpelt wurde.

Nun waren die Tage kürzer, bald kam Weihnachten. Die grüne Literflasche mit dem Riemen um den Hals stand verstaubt in einem Winkel der Speisekammer. Er betrachtete sie — beide hatten sie früher manchen Stoß gemeinsam ertragen, jetzt sollte eine kleine Fahrt zum Kaufmann in der Stadt erfolgen, wo er seinen Weihnachtsschnaps holen wollte.

Aber lohnte sich das überhaupt? War es nicht am besten, auch das zu streichen?

Doch da flüsterte ihm ein Teufelchen ins Ohr: Ach was, du rackerst dich das ganze Jahr hindurch ab und plagst dich, und meistens lachst du den Bösen aus, denn nun kann er dir ja nichts mehr antun, er hat verloren.

Ja, das stimmte, und es wäre lustig, ihn ein bißchen zu foppen, darum war es am besten, die grüne Literflasche mit dem Riemen um den Hals mitzunehmen. Er fürchtete sich nicht, er durfte es wagen. Er konnte die Flasche gut mitnehmen — und sie dann mit Petroleum füllen lassen.

So machte er sich nach dem Mittagessen auf den Weg. Das Wetter war schön und er selbst gut im Strumpf. Er

fand es herrlich, tüchtig auszuschreiten und ausnahmsweise zu wissen, daß man nichts zu tun brauchte, sondern sich an einem Werktag Freizeit nahm. Er lachte vor sich hin, er fand das spaßig.

Ja, diesen Weg war er schon oft in seinem Leben gegangen. Früher war es zwar nicht immer so gewesen, wie es hätte sein sollen, wenn er abends aus der Stadt zurückkehrte, aber in den letzten Jahren, seit der Wandlung, führte er ein ganz anderes Leben. Nun aber mußte er sich alles einprägen: Kaffee und Rohzucker, Zwetschgen, Rosinen und Anis ... er ging die Sachen mehrmals durch, um ja nichts zu vergessen, denn er hatte keinen Zettel mit, er war doch kein Kind mehr.

Er wollte Maren auch noch etwas Besonderes mitbringen ... Ja, er wollte eine Flasche alten französischen Wein kaufen, sie sollte merken, daß es Weihnachten war, haha, jawohl. Und der kleine Jens, der Enkel, den sie zu sich genommen hatte, weil die Tochter nicht verheiratet war, er sollte auch etwas Nettes bekommen, vielleicht eine Trompete. Jens Steinbrech lachte, er konnte ihn schon tuten hören — ach ja, so ein hübsches Kerlchen!

Es war nur gut, daß er Geld in der Tasche hatte. Jens Steinbrech mochte nicht anschreiben lassen. Nein, das hatte er nie nötig gehabt. Er wollte nicht mit Krücken an der Theke stehen; er hatte sich niemals mehr geben lassen, als er bezahlen konnte, er war ein freier Mann.

Wie schön, einen solchen Marsch zu machen, es war klares Wetter, die Luft so leicht. Er summte ein Wanderlied vor sich hin.

Dann stand Jens Steinbrech wieder vor der rohen Holztheke in dem alten Laden, wo er von jeher eingekauft hatte. Er war treu; er konnte es nicht leiden, von einem zum andern zu flattern. Wie gut kannte er den Geruch nach Bohnen, Stockfisch, Tabak und verschiedenen Spirituosen ... Er konnte das Gewirr kaum unterscheiden, so vielerlei Dinge gab es hier, wohl an die Hunderte; aber den Geruch kannte er, hier drinnen blieb er sich immer gleich; soweit er zurückdenken konnte, roch es stets so, und dadurch fühlte man sich heimisch. Er setzte sich auf eine Taurolle im Winkel bei der Theke, dort, wo die Schnapsflasche stand. Und der Verkäufer schenkte ihm ein Gläschen zum Willkommensgruß ein. Danke, ja, das tat gut im Magen, es war ein Wermutschnaps.

Danach kaufte Jens Steinbrech ein, Reis und Zimtrinde, Anis und alles übrige, was Maren ihm aufgetragen hatte... ganz langsam, um nicht zu schnell fertig zu werden; es machte ihm Spaß, die Leute kommen und gehen zu sehen und die Ladenglocke schrillen zu hören. Er hatte ja frei heute.

Der Verkäufer schenkte ihm noch einen Schnaps ein, doch diesmal bedankte sich Jens Steinbrech nicht; er tat ganz gleichgültig, als ob ihn das zweite Glas nichts anginge. Aber als sich der Verkäufer umdrehte und zwei saure Heringe aus dem Faß fischte, schickte Jens Steinbrech den Schnaps mit einer Unschuldsbewegung durch die Gurgel, als ob er eine Fliege wegwedelte, ganz leicht, während er zum Fenster hinausblickte. Jetzt konnte der Verkäufer ja nochmals einschenken, jedenfalls war das Glas leer.

Schließlich türmten sich vor ihm eine ganze Menge

Tüten und Tütchen; darunter war natürlich auch ein Päckchen Kautabak.

Der Verkäufer schenkte noch einen Schnaps ein, der wie mit Zauberschlag verschwand.

Jens Steinbrech saß wie in Gedanken versunken und streichelte die grüne Literflasche, als ob er ein Kätzchen liebkoste.

«Na, was soll da hineinkommen?» fragte der Verkäufer und ergriff den Flaschenhals.

Jens Steinbrech musterte ihn höhnisch von oben bis unten. «Kennst du die Flasche nicht? Glaubst du vielleicht, es sollte Petroleum hinein, haha!»

«Nein, sie ist für Ihren Weihnachtsschnaps», sagte der Verkäufer mit einem Lächeln und ging zu dem Faß, um abzuzapfen.

Mit scharfen Augen folgte ihm Jens Steinbrech, und als er sah, daß der Verkäufer das Litermaß ergriff, rief er: «Hier wird nichts abgemessen, das ist eine Literflasche, und sie soll gefüllt werden!» Er erwähnte nicht, daß die grüne Flasche zwei Gläschen übers Maß faßte; nein, wenn man sich in der Welt durchsetzen wollte, mußte man auf die Kleinigkeiten achtgeben, das hatte er auf alle Fälle gelernt.

Endlich waren alle Sachen in seinem Rucksack verpackt, die grüne Flasche hing ihm auf die Brust und war mit dem Rucksack durch Schulterschnüre verbunden. Er wollte die Sachen gut verstaut haben, denn es schwante ihm, daß es vielleicht ein wenig schlingernd und wakkelnd zugehen würde, ehe er sein Haus auf der Heide erreichte.

Es dunkelte schon, bevor er aus der Stadt draußen war; denn er konnte nicht gut an Frau Hansens Wirtschaft vorbeigehen, wo er so oft eingekehrt war, als er seinerzeit im Hafen gearbeitet hatte. Er brauchte sich dessen gewiß nicht zu schämen, das eine Mal im Jahr; sie war immer so nett zu ihm gewesen, und es hätte ja ausgesehen, als wollte er sie nicht mehr kennen, und jetzt war überdies Weihnachten, ja, es hatte alles seine Bedeutung.

Jens Steinbrech schritt gut beladen aus der Stadt. Die nächste Raststätte war ein ziemliches Stück entfernt, hinter dem Garten des Tierarztes; dort verschnaufte er sich immer bei solchen Gelegenheiten und nahm einen Schluck zu sich. So hielt er es stets: Er verschnaufte da und dort unterwegs, an ganz bestimmten Stellen, das war eine alte alljährliche Regel, wenn man seinen Weihnachtsschnaps holte, und er war ein Mann der Ordnung.

Endlich stand er vor den Hügeln, welche die Heide im Westen begrenzten. Diese Hügel waren voller Gräben und Löcher, voller Hohlwege und tiefer Wagenspuren, und an diesem Abend war alles so schwarz wie in der Hölle.

Hier verweilte er, eifrig seinen Tabak kauend, und überlegte, wie er die Schanze am besten einnehmen könnte. Hatte er sie erst einmal hinter sich, so war es keine Sache mehr, aber das Durchkommen war das reinste Fegefeuer. Dabei mußte er sich natürlich mit all den Teufeln und den schlechten Kerlen schlagen, die sich mit Vorliebe an so dunklen Stellen aufhielten. Nein, hier half keine liebe Mutter; es galt, den Kampf allein aufzunehmen. Er steckte einen frischen Pfriem in den Mund, spuckte ein paarmal aus und stürzte sich hinein — geschehe, was da wolle; laß fallen, was nicht stehen kann . . .

Nach großer Mühsal, vielen Stürzen und mächtigen Hindernissen stand er zu guter Letzt doch siegreich auf der anderen Seite; der Schweiß tropfte ihm von den Augenlidern, und er dampfte wie ein Zugpferd.

Das war geschafft.

Nun hatte er guten Grund, sich zu verschnaufen, und er war auch durstig.

Jetzt aber war es keine Sache mehr, jetzt hatte er das Schwerste hinter sich, von hier aus verlief der Weg eben. Er konnte das erhellte Fenster sehen. Jawohl, Maren war ein gutes Weib, haha, sie hatte das Licht für Vater angezündet, jawohl, he. Siehe da, wie es blinkte in der Finsternis, gleichsam ein Stern.

Als Jens Steinbrech in die Stube schwankte, hörte er als erstes die freundliche Stimme seiner Frau: «Willkommen daheim, Väterchen».

«Ich bin aber betrunken, Maren.»

«Ach, das war früher viel schlimmer, lieber Jens.»

Schwerfällig zog er Mantel und Stiefel aus, und dann sank er in den Korbstuhl beim Kachelofen.

Hier war es gemütlich, hier war es warm und hell; der Boden war weiß gescheuert und mit feinem Sand bestreut. Auf dem braunen Tisch stand der Bierkrug; die sauberen Baumwollvorhänge um die Betten waren ordentlich zugezogen.

«Du kannst mir glauben, Maren, es war heute abend schwer, durch die Hügel zu kommen.»

Sie antwortete lächelnd: «Ja, das glaube ich gern, Jens, das ist eine schlimme Stelle».

«Ja, höllisch . . . oh, es war wieder ein arger Teufel da.»

«Ja, es gibt viele, es ist gar nicht so leicht mit ihnen, Jens.»

«Nicht leicht, ja, aber ich werde schon damit fertig, obwohl es wirklich viele sind, ja, das stimmt. Das sagte er ja auch, der Missionar, der früher so ein Donnerskerl war, er sagte, die Welt ist voll von Teufeln.»

«Aber komm jetzt zu Tisch, Jens, dann wirst du sehen, was ich für dich habe.» Sie holte aus dem Backofen in der Küche eine Schüssel mit Bratwürsten und gebackenen Kartoffelscheiben und setzte sie ihm vor.

Er konnte seine Freude nicht zurückhalten: «Du bist eine Kaiserin, Maren!»

«Dann mußt du ja der Kaiser sein», antwortete sie belustigt.

«Hahaha! Ja, das kann man wohl sagen, ha!»

Ein wenig später sagte er: «Weißt du was, ein Gläschen wäre dazu nicht schlecht».

Sie hielt die Flasche ans Licht. «Viel ist nicht mehr darin.»

«Nein, aber es sollte bis zum Stephanstag reichen.»

«Ach, das bißchen . . .»

«Na ja, wie du meinst.»

«Wenn's dir recht ist, mach sie nur leer, dann bist du damit fertig.»

«Ja, das ist wahr.»

Nach einiger Zeit lachte er herzlich.

«Was gibt's, Jens?»

«Ja, er ist im Grunde ein dummer Hund!»

«Wer?»

«Der böse Satan, hahaha, denn jetzt denkt er, nun fängt Jens Steinbrech wieder zu trinken an, aber das stimmt nicht, er ist übers Ohr gehauen, er muß mit langer Nase abziehen, hahaha!»

«Ja, Gott sei dafür gedankt, lieber Jens.»

Er biß ein großes Stück von der warmen, knusprigen Wurst ab und murmelte: «Ja, ich lasse mich von dem Kerl nicht kleinkriegen!»

Als er fertig gegessen hatte, sagte seine Frau: «Jetzt mußt du aber ins Bett kriechen, Vater».

Sie half ihm auf beste Weise, und es ging großartig.

Als er in die Daunen gesunken war, lag er wohlbehaglich still.

«Ja, ich lache mich krank, daß ich nun meinen Weihnachtsschnaps gekauft habe, und bezahlt habe ich ihn auch ... und ... hahaha, daß ich ihn getrunken habe, haha.»

«Nun hast du es diesmal überstanden, Vater.»

«Ja, das ist richtig, hahaha.»

Kurz darauf hörte man in der warmen, gemütlichen Stube nur noch Jens Steinbrechs tiefe, ruhige Atemzüge und das heimelige Ticken der Pendeluhr.

Selma Lagerlöf

DIE HEILIGE NACHT

Als ich fünf Jahre alt war, hatte ich einen großen Kummer. Ich weiß kaum, ob ich seitdem einen größeren gehabt habe. Das war, als meine Großmutter starb. Bis dahin hatte sie jeden Tag auf ihrem Ecksofa in ihrer Stube gesessen und Märchen erzählt.

Ich weiß es nicht anders, als daß Großmutter dasaß und erzählte, vom Morgen bis zum Abend, und wir Kinder saßen still neben ihr und hörten zu. Das war ein herrliches Leben. Es gab keine Kinder, denen es so gut ging wie uns. Ich erinnere mich nicht an sehr viel von meiner Großmutter. Ich erinnere mich, daß sie schönes, kreideweißes Haar hatte, und daß sie sehr gebückt ging, und daß sie immer dasaß und an einem Strumpf strickte.

Dann erinnere ich mich auch, daß sie, wenn sie ein Märchen erzählt hatte, ihre Hand auf meinen Kopf zu legen pflegte, und dann sagte sie: «Und das alles ist so wahr, wie daß ich dich sehe und du mich siehst.»

Ich entsinne mich auch, daß sie schöne Lieder singen

konnte, aber das tat sie nicht alle Tage. Eines dieser Lieder handelte von einem Ritter und einer Meerjungfrau, und es hatte den Kehrreim: «Es weht so kalt, es weht so kalt, wohl über die weite See.»

Dann entsinne ich mich eines kleinen Gebets, das sie mich lehrte, und eines Psalmverses.

Von allen den Geschichten, die sie mir erzählte, habe ich nur eine schwache, unklare Erinnerung. Nur an eine einzige von ihnen erinnere ich mich so gut, daß ich sie erzählen könnte. Es ist eine kleine Geschichte von Jesu Geburt. Seht, das ist beinah alles, was ich noch von meiner Großmutter weiß, außer dem, woran ich mich am besten erinnere, nämlich den großen Schmerz, als sie dahinging. Ich erinnere mich an den Morgen, an dem das Ecksofa leer stand und es unmöglich war, zu begreifen, wie die Stunden des Tages zu Ende gehen sollten. Daran erinnere ich mich. Das vergesse ich nie.

Und ich erinnere mich, daß wir Kinder hingeführt wurden, um die Hand der Toten zu küssen. Und wir hatten Angst, es zu tun, aber da sagte uns jemand, daß wir nun zum letztenmal Großmutter für alle die Freude danken könnten, die sie uns gebracht hatte.

Und ich erinnere mich, wie Märchen und Lieder vom Hause wegfuhren, in einen langen, schwarzen Sarg gepackt, und niemals wiederkamen.

Ich erinnere mich, daß etwas aus dem Leben verschwunden war. Es war, als hätte sich die Tür zu einer ganzen schönen, verzauberten Welt geschlossen, in der wir früher frei aus- und eingehen durften. Und nun gab es niemand mehr, der sich darauf verstand, diese Tür zu öffnen.

Und ich erinnere mich, daß wir Kinder so allmählich lernten, mit Spielzeug und Puppen zu spielen und zu leben wie andere Kinder auch, und da konnte es ja den Anschein haben, als vermißten wir Großmutter nicht mehr, als erinnerten wir uns nicht mehr an sie.

Aber noch heute, nach vierzig Jahren, wie ich da sitze und die Legenden über Christus sammle, die ich drüben im Morgenland gehört habe, wacht die kleine Geschichte von Jesu Geburt, die meine Großmutter zu erzählen pflegte, in mir auf. Und ich bekomme Lust, sie noch einmal zu erzählen und sie auch in meine Sammlung aufzunehmen.

Es war an einem Weihnachtstag, alle waren zur Kirche gefahren, außer Großmutter und mir. Ich glaube, wir beide waren im ganzen Hause allein. Wir hatten nicht mitfahren können, weil die eine zu jung und die andere zu alt war. Und alle beide waren wir betrübt, daß wir nicht zum Mettegesang fahren und die Weihnachtslichter sehen konnten. Aber wie wir so in unserer Einsamkeit saßen, fing Großmutter zu erzählen an.

«Es war einmal ein Mann», sagte sie, «der in die dunkle Nacht hinausging, um sich Feuer zu leihen. Er ging von Haus zu Haus und klopfte an. ‚Ihr lieben Leute, helft mir!' sagte er. ‚Mein Weib hat eben ein Kindlein geboren, und ich muß Feuer anzünden, um sie und den Kleinen zu erwärmen.'

Aber es war tiefe Nacht, so daß alle Menschen schliefen, und niemand antwortete ihm.

Der Mann ging und ging. Endlich erblickte er in weiter Ferne einen Feuerschein. Da wanderte er dieser Richtung zu und sah, daß das Feuer im Freien brannte. Eine Menge weiße Schafe lagen rings um das Feuer und schliefen, und ein alter Hirt wachte über der Herde. Als der Mann, der Feuer leihen wollte, zu den Schafen kam, sah er, daß drei große Hunde zu Füßen des Hirten ruhten und schliefen. Sie erwachten alle drei bei seinem Kommen und sperrten ihre weiten Rachen auf, als ob sie bellen wollten, aber man vernahm keinen Laut. Der Mann sah, daß sich die Haare auf ihrem Rücken sträubten, er sah, wie ihre scharfen Zähne funkelnd weiß im Feuerschein leuchteten, und wie sie auf ihn losstürzten. Er fühlte, daß einer von ihnen nach seinen Beinen schnappte und einer nach seiner Hand, und daß einer sich an seine Kehle hängte. Aber die Kinnladen und die Zähne, mit denen die Hunde beißen wollten, gehorchten ihnen nicht, und der Mann litt nicht den kleinsten Schaden.

Nun wollte der Mann weitergehen, um das zu finden, was er brauchte. Aber die Schafe lagen so dicht nebeneinander, Rücken an Rücken, daß er nicht vorwärtskommen konnte. Da stieg der Mann auf die Rücken der Tiere und wanderte über sie hin dem Feuer zu. Und keins von den Tieren wachte auf oder regte sich.»

So weit hatte Großmutter ungestört erzählen können, aber nun konnte ich es nicht lassen, sie zu unterbrechen. «Warum regten sie sich nicht, Großmutter?» fragte ich. «Das wirst du nach einem Weilchen schon erfahren», sagte Großmutter und fuhr mit ihrer Geschichte fort.

«Als der Mann fast beim Feuer angelangt war, sah der Hirt auf. Es war ein alter, mürrischer Mann, der unwirsch und hart gegen alle Menschen war. Und als er einen Fremden kommen sah, griff er nach seinem langen, spitzen

Stabe, den er in der Hand zu halten pflegte, wenn er seine Herde hütete, und warf ihn nach ihm. Und der Stab fuhr zischend gerade auf den Mann los, aber ehe er ihn traf, wich er zur Seite und sauste, an ihm vorbei, weit über das Feld.»

Als Großmutter so weit gekommen war, unterbrach ich sie abermals. «Großmutter, warum wollte der Stock den Mann nicht schlagen?» Aber Großmutter ließ sich nicht einfallen, mir zu antworten, sondern fuhr mit ihrer Erzählung fort.

«Nun kam der Mann zu dem Hirten und sagte zu ihm: ‚Guter Freund, hilf mir, und leih mir ein wenig Feuer. Mein Weib hat eben ein Kindlein geboren, und ich muß Feuer machen, um sie und den Kleinen zu erwärmen.' Der Hirt hätte am liebsten nein gesagt, aber als er daran dachte, daß die Hunde dem Manne nicht hatten schaden können, daß die Schafe nicht vor ihm davongelaufen waren, und daß sein Stab ihn nicht fällen wollte, da wurde ihm ein wenig bange, und er wagte es nicht, dem Fremden das abzuschlagen, was er begehrte. ‚Nimm, soviel du brauchst', sagte er zu dem Manne.

Aber das Feuer war beinahe ausgebrannt. Es waren keine Scheite und Zweige mehr übrig, sondern nur ein großer Gluthaufen, und der Fremde hatte weder Schaufel noch Eimer, worin er die roten Kohlen hätte tragen können.

Als der Hirt dies sah, sagte er abermals: ‚Nimm, soviel du brauchst!' Und er freute sich, daß der Mann kein Feuer wegtragen konnte. Aber der Mann beugte sich hinunter, holte die Kohlen mit bloßen Händen aus der Asche und legte sie in seinen Mantel. Und weder versengten die Kohlen seine Hände, als er sie berührte, noch versengten sie seinen Mantel, sondern der Mann trug sie fort, als wenn es Nüsse oder Äpfel gewesen wären.»

Aber hier wurde die Märchenerzählerin zum drittenmal unterbrochen. «Großmutter, warum wollte die Kohle den Mann nicht brennen?»

«Das wirst du schon hören», sagte die Großmutter, und dann erzählte sie weiter.

«Als der Hirt, der ein so böser, mürrischer Mann war, dies alles sah, begann er sich bei sich selbst zu wundern: ‚Was kann dies für eine Nacht sein, wo die Hunde nicht beißen, die Schafe nicht erschrecken, die Lanze nicht tötet und das Feuer nicht brennt?' Er rief den Fremden zurück und sagte zu ihm: ‚Was ist dies für eine Nacht? Und woher kommt es, daß alle Dinge dir Barmherzigkeit zeigen?'

Da sagte der Mann: ‚Ich kann es dir nicht sagen, wenn du selber es nicht siehst.' Und er wollte seiner Wege gehen, um bald ein Feuer anzünden und Weib und Kind wärmen zu können.

Aber da dachte der Hirt, er wolle den Mann nicht ganz aus dem Gesicht verlieren, bevor er erfahren hätte, was dies alles bedeute. Er stand auf und ging ihm nach, bis er dorthin kam, wo der Fremde daheim war.

Da sah der Hirt, daß der Mann nicht einmal eine Hütte hatte, um darin zu wohnen, sondern er hatte sein Weib und sein Kind in einer Berggrotte liegen, wo es nichts gab als nackte, kalte Steinwände.

Aber der Hirt dachte, daß das arme unschuldige Kindlein vielleicht dort in der Grotte erfrieren würde, und obgleich er ein harter Mann war, wurde er davon doch ergriffen und beschloß, dem Kinde zu helfen. Und er löste sein Ränzel von der Schulter und nahm daraus ein weiches, weißes Schaffell hervor. Das gab er dem fremden Manne und sagte, er möge das Kind darauf betten.

Aber in demselben Augenblick, in dem er zeigte, daß auch er barmherzig sein konnte, wurden ihm die Augen geöffnet, und er sah, was er vorher nicht hatte sehen, und hörte, was er vorher nicht hatte hören können.

Er sah, daß rund um ihn ein dichter Kreis von kleinen, silberbeflügelten Englein stand. Und jedes von ihnen hielt ein Saitenspiel in der Hand, und alle sangen sie mit lauter Stimme, daß in dieser Nacht der Heiland geboren wäre, der die Welt von ihren Sünden erlösen solle.

Da begriff er, warum in dieser Nacht alle Dinge so froh waren, daß sie niemand etwas zuleide tun wollten. Und nicht nur rings um den Hirten waren Engel, sondern er sah sie überall. Sie saßen in der Grotte, und sie saßen auf dem Berge, und sie flogen unter dem Himmel. Sie kamen in großen Scharen über den Weg gegangen, und wie sie vorbeikamen, blieben sie stehen und warfen einen Blick auf das Kind.

Es herrschte eitel Jubel und Freude und Singen und Spiel, und das alles sah er in der dunklen Nacht, in der er früher nichts zu gewahren vermocht hatte. Und er wurde so froh, daß seine Augen geöffnet waren, daß er auf die Knie fiel und Gott dankte.»

Aber als Großmutter so weit gekommen war, seufzte sie und sagte: «Aber was der Hirt sah, das könnten wir auch sehen, denn die Engel fliegen in jeder Weihnachtsnacht unter dem Himmel, wenn wir sie nur zu gewahren vermögen.»

Und dann legte Großmutter ihre Hand auf meinen Kopf und sagte: «Dies sollst du dir merken, denn es ist so wahr, wie daß ich dich sehe und du mich siehst. Nicht auf Lichter und Lampen kommt es an, und es liegt nicht an Mond und Sonne, sondern was not tut, ist, daß wir Augen haben, die Gottes Herrlichkeit sehen können.»

Johannes Vilhelm Jensen

DIE SIEBENSCHLÄFER

Die jungen Burschen von Kjeldby waren am Silvesterabend draußen und schlugen nach altem Brauch mit Töpfen an die Türen. In mehreren Häusern hatte man sie schon aufgenommen, so daß sie vielleicht ein wenig angeheitert waren, als sie auf den Gedanken verfielen, dem «Hinterhof» einen Besuch abzustatten.

Mit den Leuten vom Hof jenseits des Sees hatten sie eine alte Rechnung zu begleichen. Denn als sie im vorigen Jahr dort gewesen waren, um ihren Silvesterschabernack zu treiben, hatte man sie schändlich behandelt. Allerdings hatten sie auch mit einem groben Spaß aufgewartet, denn gerade als die Hinterhofleute in mildester Weihnachtsstimmung bei ihrem Abendbrot, der süßen Grütze, saßen, wurde die Küchentür aufgerissen, und hinein flog ein mächtiger Farbtopf voller trockener Asche und landete mitten auf dem Tisch, so daß er zersprang und seinen Inhalt in jeden Winkel der Stube wirbelte. Die Hinterhofleute konnten vor Ärger und Husten gar nichts erkennen, sie tasteten in dem Nebel herum, doch schließlich fanden sie den Ausgang, und da hatten sie wahrhaftig keine Lust, die Burschen zu Speis und Trank hereinzuholen, nein, sie bewaffneten sich mit langen Peitschen, und jeder holte sich einen großen Dreschflegel, und so setzten sie den Burschen nach, die natürlich schleunigst weggelaufen waren, nachdem sie den Topf mit der Asche hineingeworfen hatten. Sie wurden von den Hinterhofsöhnen, die flinker waren, als sie gedacht, unten am See eingeholt und so hart von ihnen bedrängt, daß ihnen nichts anderes übrigblieb, als ein Stück weit ins Wasser hinauszuwaten. Die Burschen, die ja in der Silvesternacht mit allem möglichen rechnen mußten, trugen allesamt ihre Schaftstiefel, die Hinterhofsöhne hingegen hatten nur Socken und Holzpantinen an den Füßen, so daß sie die Burschen im See nicht erreichen konnten. Aber wie es dem Wesen der Hinterhofsöhne entsprach, ließen sie sich gemütlich Zeit, blieben einige gute Stunden am See-Ufer stehen und bereiteten sich bequem aufs Warten vor. Es war eine bitterkalte Nacht, beinahe Frostwetter, so daß die Burschen draußen, wo ihnen das Wasser hoch bis zu den Stiefelschäften stand, jämmerlich zu frieren begannen.

Um sich Abwechslung zu verschaffen und um sich warm zu halten, kamen die Söhne vom Hinterhof auf den Gedanken, mit ihren Peitschen und Flegeln aufs Wasser zu schlagen, und da der Wind vom Ufer her blies, spritzte das Wasser bis zu den Burschen hinaus und durchnäßte sie. Das erboste sie, und sie fluchten, aber statt Mitleid mit ihnen zu haben, holten die Hinterhofsöhne Steine und Erdklumpen, die sie so weit wie möglich in den See hinauswarfen, und nun fingen die armen, bis auf die Haut durchnäßten Burschen zu jammern an. Die Hinterhofsöhne hatten gute Weile und blieben am Ufer. Da mußten sich die Burschen bequemen, um einen Vergleich zu bitten, und seither wurden sie in den Weihnachtstagen deswegen tüchtig verulkt. Nun wollten sie sich rächen. Und in ihrer ausgelassenen Stimmung heckte einer von ihnen einen schändlichen Plan aus, den sie alle zusammen in Angriff nahmen, wobei sie sich den Buckel vollachten.

Doch um den Spaß zu verstehen, muß man vom Hinterhof und den Leuten dort etwas mehr wissen. Es war ein uralter Hof, der nördlich vom Kjeldby-See ganz einsam auf einer Anhöhe lag. Auch früher hatte er abseits gelegen, als sich das alte Bauerndorf, das jetzt bis auf die Spuren der Weiden und Kohlgärten mit Heckenrosen und verkrüppeltem Blumengestrüpp verschwunden ist, weiter westlich ausgebreitet hatte. Das heutige Kjeldby am Ostufer des Sees ist ein ganz neumodisches Dorf, das sich seit Menschengedenken entwickelt hat, nachdem die Landstraße angelegt wurde. Die Leute auf dem Hinterhof wollten die Scholle ihrer Väter nicht verlassen, sie blieben auf der uralten Wohnstätte sitzen und lebten weiter nach dem alten Brauch, den die neue Zeit nicht mehr verstand. Sie hatten ja immer abseits gelebt und fühlten sich weder durch die Unruhe auf der neuen Landstraße noch durch die vielen verstiegenen Ideen des modernen Kjeldby verlockt. Im übrigen war der Hinterhofbauer sehr wohlhabend.

Die Verschlafenheit der Leute und die unbeschreibliche Langsamkeit auf dem Hinterhof waren geradezu sprichwörtlich. Auf dem Hof wurde geschlafen, wenn sich nur eine Gelegenheit dazu bot. Da es hier so viele Söhne und Töchter gab, hielt man sich kein Gesinde, und so waren sie die ganze Zeit unter sich. Man gähnte und schlug ein Schneckentempo an, wenn etwas getan werden *mußte;* unter der Mütze hatten sie immerzu Bettstroh und Daunen in den Haaren; sie schauderten fortwährend, als ob sie aus Übermüdung frören, selbst wenn sie soeben ein Nickerchen gemacht hatten; sie krochen dahin, so müde und verschlafen waren sie. Wenn sie angesprochen wurden, blinzelten sie mit den zusammengekniffenen Augen und kratzten sich an den Armen, als wachten sie gerade auf und müßten sich besinnen, wo sie sich befanden. Wenn sie am Tisch saßen und aßen, hätte man ihnen in die Augen stechen können, und gewiß war es für sie ein schlimmer Traum oder ein Albdruck, wenn sie am Tage pflügten oder sonst etwas Notwendiges taten. Im Sommer war der ganze Hof wie ausgestorben, dann lagen sie draußen und ließen sich von der Sonne braten, während sie schlummerten. Der Bauer lag in voller Länge auf der Mauer, der eine Sohn im Winkel beim Schleifstein, ein anderer auf dem Boden eines Wagens, der dritte quer über der Schwelle der Tennentür, als hätte er sich nicht weiter schleppen können, und so schliefen sie, und drinnen im Hause schliefen die Frau und die Töchter, während ihnen die Fliegen haufenweise auf den Augenlidern herumkrabbelten. Man sagte, die Kleider der Hinterhofleute verblaßten im Sommer nur auf der einen Seite, weil sie auf der anderen schliefen.

Wenn sich die großen, starken Kerle bewegten, sah es wunderlich aus, denn es mochte eine Stunde dauern, bis sie zum Beispiel die Pferde angespannt hatten. Wenn sie fertig waren, hatten sie vielleicht vergessen, warum sie es getan hatten, und mußten ausspannen und es überschlafen. Sie konnten mitten in einem Gewitter mit dem Kinn auf dem Spatengriff im Stehen schlafen; sie hatten Nester rings auf den Feldern, und wenn sie schläfrig wurden, nahmen sie im nächstgelegenen ihre Zuflucht.

So rückständig und schwerfällig die Hinterhofleute waren, so altväterisch auch der Hof selbst und der Bestand. Die Gebäude waren geradezu vorgeschichtlich mit ihren beworfenen Mauern und dem schrägen Dach, das fast bis zur Erde reichte. Man gebrauchte immer noch Holzpflüge und ähnliche alte Gerätschaften, die nirgends sonst mehr verwendet wurden. Wie alles auf dem Hof war auch das Vieh alt und unergiebig; die Kühe gaben wenig Milch, und die Mähren litten an Speichelfluß und hatten alle erdenklichen Fehler an den Beinen. Den Menschen schien das alles jedoch gut genug, denn die Lebensweise auf dem Hof paßte dazu. Sie waren nicht anspruchsvoll. In dem großen Topf, der im offenen Schornstein an einem Haken hing, kochte die Hausfrau selten etwas anderes als graue Roggenmehlgrütze, jenes ewige Gericht, von dem sich unsere Vorväter jahrhundertelang ernährten, während sie in Armut und Knechtschaft auf der Stelle traten. Auf dem Hinterhof war der Mehlbrei so dick und steif, daß die Bäuerin ihn an die Wände warf, wo die Männer ihn abknabberten, wie man sich erzählte. Wer diesen Roggenmehlbrei gesehen hatte, der konnte schon verstehen, daß sie so verschlafen waren, und warum sie den nächsten Tag nicht herbeisehnten.

Der älteste Sohn hatte in des Königs Diensten gestanden, und wie es ihm dabei ergangen, das war eine ganze Geschichte. Er weinte salzige Tränen, als ihm der Aushebungsarzt das Hemd auszog, und er war und blieb untröstlich bis zu dem Tage, an dem er entlassen wurde, so riesenstark er auch war, weil er an unheilbarer Geistesabwesenheit und Tränenüberfluß litt. Nun zitterten die andern, daß auch sie an die Reihe kommen könnten. Das einzige Mal, wo die Hinterhofsöhne das Lachen auf ihrer Seite gehabt hatten, war die Gelegenheit während der vorigen Weihnachtszeit gewesen, wo sie geduldig am See-Ufer warteten, während den Burschen draußen im Wasser der Stolz einfror. Aber dafür sollte nun allen Ernstes Rache geübt werden.

Als die Burschen auf der anderen Seite des Sees anlangten, sahen sie, daß im Hinterhof noch Licht brannte; es war also noch zu früh für den Beginn ihrer Operation. Sie kamen an einem einzigen Häuschen vorbei, wo eine alte Witwe namens Maren wohnte, und zum Zeitvertreib gaben sie ihr ein Konzert mit Rasseltöpfen und gespaltenen Schreibfedern. Die Alte war überglücklich, daß sich die Jugend ihrer so erinnerte, und sie kam heraus, um sich zu bedanken und ihrerseits ein gutes neues Jahr zu wünschen. Sie mußten unbedingt bei ihr eintreten. Sie hatten es jedenfalls warm in ihrem Stübchen, wo die beschlagene Bibel auf dem Tisch lag und obendrauf die Brille.

«Ach, meine lieben Leutchen, ich habe ja nichts, womit ich euch aufwarten könnte», sagte Maren betrübt, nachdem sie alle hereingelassen hatte. «Es ist wirklich eine

Schande! Ich hätte niemals gedacht, daß jemand herkommen und einer einsamen alten Frau wie mir ein gutes neues Jahr wünschen würde.»

«Das braucht dich nicht zu kümmern», erwiderte der Anführer. «Wir haben eine Flasche Schnaps bei uns. Aber wenn du ein bißchen Hefe im Hause hättest . . .»

«Hefe? Wollt ihr etwa zu eurem Schnaps Hefe essen?»

«Beileibe nicht, Maren. Wir brauchen nur etwas Hefe, möglichst weiche, die gut klebt.»

«Menschenskinder!» rief Maren frohlockend. «Ihr habt einen Schabernack im Sinn, Gott segne euch! Ihr sollt Hefe bekommen, wenn ich welche habe. Was wollt ihr denn damit ankleben, und wer soll dafür herhalten?»

Das wollten die Burschen nicht sagen. Sie setzten hochmütige Mienen auf aus reiner Geheimniskrämerei. Die alte Maren fand tatsächlich in einem Spülnapf Hefe, gar keine kleine Portion, aber sie war trocken und rissig.

«Ich kann Wasser darauf gießen und sie aufwärmen», schlug Maren vor, strahlend vor Eifer. Das war ja vortrefflich, und während die Hefe im Ofenrohr aufweichte, nahmen sie einen Schluck aus der Flasche und stopften sich die Pfeife.

«Ich weiß nicht, ob der Kaufmann jetzt noch auf hat», sagte der Anführer, der in Gedanken vertieft dasaß.

«Aber nein, er hat längst geschlossen», erklärte Maren. Der Bursche grübelte und sah zweifelnd aus.

«Wir brauchen Papier. Hast du Papier, Maren?»

«Wieviel braucht ihr denn? O ihr frechen Kerle! Ich glaube, ich kann euch helfen.»

«Wir brauchen viel, aber nicht zum Schreiben.»

«Schaut nur, was ich habe!» rief Maren ganz entzückt und holte aus einer Schublade einen ganzen Haufen Papierkram; es waren alte Umschläge von Zündholzschachteln, sorgfältig aufgeschnittene und geplättete Tüten und Blätter aus Schönschreibheften, und Maren opferte alles, begeistert über ihre Teilnahme an den Narrenstreichen, in die sie nicht eingeweiht werden durfte. Das Papier wurde begutachtet und brauchbar gefunden; die Menge schien auch zu genügen. Aber die Burschen hielten es fürs Beste, die Stücke zu größeren Teilen zusammenzuleimen, und als die Hefe tauglich war, wurde das mit großer Gründlichkeit ausgeführt. Maren stand daneben und schaute sehr gespannt zu, und als sie sah, wie groß die Papierstücke sein mußten, begriff sie plötzlich, wozu sie dienen sollten. Sie sagte jedoch kein Wort, dazu verstand sie sich zu gut darauf, einen Spaß zu genießen, aber sie schrumpfte vor innerem Vergnügen gleichsam zusammen, es knisterte in ihr, und die zahnlosen Kiefer schlugen aufeinander, so sehr weidete sie sich. Und als sie sich unbedingt Luft machen mußte, verriet sie dennoch nicht, was sie erraten hatte, sondern ließ sich vor Vergnügen quiekend auf einen Stuhl fallen.

Nun waren die Burschen fertig, und einer von ihnen ging hinaus, um nachzusehen, ob die Lichter im Hinterhof gelöscht waren; als er zurückkam, nickte er wortlos. Sie sagten bedeutungsvoll gute Nacht und bedankten sich bei der alten Maren, die ihnen ebenso verschwiegen zur Tür folgte. Aber als sie ein paar Schritte zurückgelegt hatten, hörten sie die einsame Alte vor Entzücken laut lachen, ehe sie die Tür schloß.

Der Hinterhof stand still und dunkel, als die Burschen hinaufkamen. Jetzt schliefen sie drinnen wie Murmeltiere; um sie zu wecken, hätte es mindestens eines Kanonenschusses bedurft. Nichtsdestoweniger machten sich die Burschen mit größter Vorsicht ans Werk, und sie ließen sich Zeit. Eine ganze Stunde verwendeten sie auf ihre Arbeit, die darin bestand, alle Fenster des Wohnhauses mit Papier zu bekleben. Das alte Gebäude hatte nicht sehr viele und nicht sehr große Fenster, so daß es sich gut machen ließ, nur zwei auf den Hof hinaus und ein paar Gucklöcher auf den Küchengarten hinaus. Die Burschen ließen kein Spältchen frei, durch das Licht hätte dringen können; sie verklebten jede erdenkliche Öffnung, auch die Schlüssellöcher, und als das geschehen war, schlichen sie ganz leise fort, wobei sie vor unterdrücktem Lachen lautlos keuchten.

Wegen des Silvesterabends waren die Leute vom Hinterhof später als gewöhnlich zur Ruhe gegangen. Darum fiel es ihnen nicht schwer, ohne Unterbrechung weit in den Neujahrstag hinein zu schlafen, was sie ohnehin getan hätten. Aber als sie nachmittags einer nach dem andern aufwachten und meinten, ausgeschlafen zu haben, war es rings um sie ja immer noch dunkel wie in einem Grabe. Deshalb standen sie nicht auf, sondern legten sich auf die andere Seite, um weiterzuschlafen, sehr erstaunt darüber, daß sie mitten in der Nacht aufgewacht waren. Der ganze Neujahrstag verging, doch gegen Abend wachte der Hinterhofbauer wieder auf, und es schien ihm, er hätte länger als üblich geschlafen. Er krabbelte also aus dem Bett und ging zur Tür, um nachzusehen, ob es nicht bald Tag würde. Inzwischen war es draußen ja wieder dunkel geworden, so eine richtige dichte Winterfinsternis, die einem in die Augäpfel dringt. Da sah der Mann ein, daß er sich geirrt haben mußte, und kroch in die Schlafkammer zurück. Einer der Söhne schob die Tür vom Alkovenbett auf und fragte gähnend, wie spät es wäre. Der Alte tastete die Uhrzeiger ab, es war kurz nach sieben. Im Winter kann diese Uhrzeit ja ebensogut Morgen wie Abend bedeuten.

«Ist es nicht später?» klagte der Sohn. «Ich bin so wach. Ich fürchte, ich bin krank. Ich habe schon lange wach gelegen. In meinem Magen saugt es, als ob ich Hunger hätte.»

«Hm, leg dich nur wieder hin», tröstete der Alte, «und stör uns andere nicht. Wenn du krank bist, werden wir schon für dich sorgen, sobald es Tag ist.»

Damit kroch der Hinterhofbauer wieder in sein Bett. Um die Wahrheit zu sagen, auch er empfand merkwürdiges Verlangen nach Nahrung; aber das mußte ja Einbildung sein. Seine Frau lag wach und gähnte, daß es nur so pfiff, doch sie sagte nichts. Kurz darauf schlief das ganze Haus wieder.

Es traf sich, daß die Leute vom Hinterhof in der Silvesternacht den alten Donnerkalb beherbergten. Er kam gewohnheitsmäßig zu ihnen, er bevorzugte altertümliche Häuser, und der Hinterhofbauer bezeigte ihm immer Gastfreundschaft. Donnerkalb war abends gekommen, und nachdem er gegessen und sich mit einem Lied erkenntlich gezeigt hatte, war ihm ein Platz auf der Schlafbank angewiesen worden. Er schlief freundschaftlich mit den andern. Als der Bauer aufstand, um die Uhr abzutasten, hörte er, wie sich der alte Donnerkalb umdrehte und im Schlaf brummte. Doch als das Haus wieder still war, schlief Donnerkalb mit den andern weiter, ohne einen Mucks zu tun.

Es wäre jedoch zuviel verlangt, daß sich die Tiere auf dem Hof den ganzen Tag ruhig verhalten hätten. Aber es war für sie gesorgt worden. Wenn man einen Streich spielt, muß man es gründlich tun, und so hielten die Burschen aus Kjeldby am Neujahrstag Ausschau und stellten fest, daß der Schornstein auf dem Hof nicht rauchte. Ihr Versuch hatte also geklappt. Zwei von ihnen nahmen es auf sich, zum Hof hinaufzugehen und vorsichtig die Tiere zu füttern, damit sie vorläufig keinen Spektakel erhoben.

Die Leute auf dem Hinterhof schliefen die zweite Nacht durch, ohne sich zu rühren. Doch als sie abermals erwachten, waren sie frisch und auch hungrig. Der Alte stand auf und befühlte die Zeiger, jetzt war es acht Uhr, diesmal richtig am Morgen, aber sie glaubten, es wäre erst eine Stunde vergangen, seit sie das vorige Mal erwacht waren. Die Söhne hatten sich halb wahnsinnig geschlafen; sie miauten vor lauter Mattheit, begannen grundlos zu lachen und in dem stockdunklen Alkoven Unsinn zu treiben. Die Töchter im anderen Alkoven strampelten in den Kissen und rieben sich wie junge Kühe. Auch in Donnerkalb war Leben gekommen, man hörte ihn sich wälzen auf der Schlafbank wie einen großen trägen Troll, und er summte vor sich hin, zuerst ganz leise, dann immer lauter und mitteilsamer; mitunter verstummte er und schnalzte vor Wohlbehagen mit der Zunge. Er blieb jedoch unter dem Einfluß der Nacht und wollte nicht reden, obwohl ihm die Hinterhofsöhne aufmunternde Worte zuwarfen und ihn zu singen baten. Die langen Kerle wurden in der Dunkelheit immer dreister und hatten viele lose Einfälle, die Gelächter bewirkten.

«Wollt ihr wohl still sein!» befahl ihnen der Hinterhofbauer durch die Schlafkammertür. «Was sind das für Dummheiten am heiligen Neujahrsmorgen!»

Sie schwiegen folgsam. Doch bald darauf vergaß sich sogar der Hausvater und stieß seine Frau an, die hellwach neben ihm lag: «Ich habe Hunger und Durst . . .»

Diese Worte erweckten in den Alkoven lebhafte Zustimmung. Aber die Bäuerin war eine ernsthafte Frau und glaubte, die anderen wären wirr im Kopf. Wollten sie wohl den Mund halten! Ein wenig später fuhr sie erschrocken im Bett hoch, weil sie aus dem Alkoven der Söhne Kaugeräusche vernommen hatte. War es möglich, daß sie sich an den streng behüteten Schlackwürsten und dem Hammelspeck vergriffen hatten, die über den Betten am Deckenbalken hingen? Sie irrte sich nicht.

«Schämt ihr euch nicht!» rief sie gekränkt und ergrimmt. «Was fällt euch ein! Nagt ihr die Schinken ab? Pfui über euch!»

Im Alkoven herrschte beschämte Stille. Aber die Frau blieb sitzen und dachte nach. Sie hatte selbst so ein seltsam leeres und verlangendes Gefühl im Magen. Und wenn der Mann es auch gesagt hatte . . . Was war denn schlimmes dabei, ein kleines Vorfrühstück im Bett zu nehmen? Es war ja Feiertag. Nach kurzer Beratung mit ihrem Mann stand sie auf und tastete sich in die Küche, wo sie einen guten Teil Kuchen und Butterbrote zusammensuchte. Sie machte kein Licht an, da sie es gewöhnt war, sich im Dunkeln zurechtzufinden. Sie füllte auch einen großen Krug mit Weihnachtsbier und kehrte mit den Sachen zurück. Sie stürzten sich wahrhaftig aufs Essen. Und während sie im Bett aßen und tranken, wurde die Unterhaltung ungewöhnlich lebhaft, das war ein munteres Schwatzen wie noch nie in einer Morgenstunde. Alle wunderten sich, wie lange die Silvesternacht gedauert hatte, und sprachen darüber. Sie dachten auch daran, einander ein gutes neues Jahr zu wünschen. Keiner wurde satt von dem, was sie bekommen hatten, und die Bäuerin gab jedem besondere Erlaubnis, in die Speisekammer zu gehen und sich nach Belieben zu bedienen. Da gab es nun ein Schleichen auf bloßen Füßen und eine Rückkehr mit großen Stücken Brot, Käse und Fleisch, und all das wurde im Bett verzehrt. Die Wärme war verlorengegangen, und sie froren gottsjämmerlich. Eine der Töchter nahm es auf sich, den Ofen zu heizen, aber solange es so kalt war, fanden es alle unmenschlich, aufzustehen. Und da sie nun gegessen und getrunken hatten und es lange dauern konnte, bis es in der Stube warm wurde, legten sie sich nacheinander zu einem Schläfchen nieder. Es währte bis zum Abend.

Aber als sie in der dritten Nacht aufwachten, konnten sie wirklich nicht weiterschlafen. Die Söhne gingen vor die offene Tür und spähten in Kälte und Dunkelheit nach einem Tageszeichen; es schien ihnen, eine so lange Nacht hätten sie noch nie erlebt. Der Bauer zog sich etwas an und ging hinaus, um die Tiere zu füttern. Die Kühe widerkäuten und hatten es recht gut, als ob sie soeben aus der

Krippe gefressen hätten. Auch die Pferde waren ruhig und satt; aber der Inhalt der Futterkiste war auffallend zusammengeschrumpft. Der Bauer schwieg über seine Annahme, daß sich hier ein Kobold bemerkbar gemacht hatte; es war besser, darüber nicht zu sprechen.

Da es Nacht war und dunkel blieb, hatten sie ja nichts anderes zu tun, als sich wieder ins Bett zu legen. Die Söhne waren hellwach und baten, Licht anzünden zu dürfen; sie wollten im Bett Karten spielen, diese Heiden, aber das erlaubte die Mutter denn doch nicht. Wozu sollten sie Licht brennen, wenn kein ernster Grund dazu vorlag?

Die Söhne konnten sich jedoch nicht ruhig halten. Es war so viel Mut in ihnen, sie lagen mit springlebendigen großen Augen in der kohlschwarzen Dunkelheit. Einer von ihnen begann mit wilder Todesverachtung absichtlich und laut zu knattern; die andern nahmen alle Tatkraft zusammen und sekundierten jeder mit einem Donnerknall, worauf sie alle in Lachkrämpfe fielen. Die Alten warfen ihnen Unanständigkeit vor, mußten aber selbst lachen, und die Töchter verkrochen sich unter ihre Daunenbetten, von wo ihr Lachen klang, als wären sie tief in die Erde gesunken. Die dunkle Stube widerhallte von einem Gelächter, das sich nicht zurückhalten ließ — eine richtige, sinnlose Herzensfreude, die wie ein Überschwang von Gesundheit nach dem Ausruhen ist. Sie lachten schallend, kugelten sich im Bett, ohne die gewaltigen Kräfte anwenden zu können, die sich in ihnen angesammelt hatten. Die Söhne rauften sich wie Schulbuben unter ungeheuren Lachsalven. Die Mädchen kitzelten einander, bis sie wie Schweine quiekten, die sich im Frühjahr draußen austoben. Dabei wurden sie durstig, gossen Weihnachtsbier hinunter und ersannen neue Späße, um sich die schrecklich lange Nacht zu vertreiben.

Donnerkalb mußte herhalten, er war ja durchaus bereit, an der Munterkeit teilzunehmen. Er sang zuerst ein Lied, und das war eine seiner feinsten Nummern, eine von denen, für die er sonst einen Groschen oder eine große Tüte Pfeifentabak bekommen mußte. Es war ein starkes, gepfeffertes Lied, das sich zum Singen im Dunkeln gut eignete. Es hatte denn auch Erfolg, fast zu großen. Die Söhne wieherten, daß man kein Wort mehr verstehen konnte.

Danach gab Donnerkalb Rätsel auf, die so gut waren, daß die Lösung auf der Hand lag, ohne daß jemand gewagt hätte, sie auszusprechen. Er trug sehr gut vor, seine tiefe Stimme hatte einen moosig gepolsterten Klang, als ob einer über federnden Wiesengrund stampft.

Aber Donnerkalb merkte bald, daß hier alle Geistesgaben verschwendet waren, denn niemand hörte zu vor Lachen und Albernheit. Er schwieg und pustete wie ein Blasebalg, der die Luft von sich gibt, während der Schmied zum Schlag ausholt. Hier brauchte man derberen Spaß als den, der sich in Worten ausdrücken läßt, und darüber sann Donnerkalb nach, während die andern im Bett tollten und ihn schließlich vergaßen. Niemand kümmerte sich darum, weshalb der Alte im Dunkeln umherschlich, obwohl sie ihn wie einen Bock knurren und in zärtlichstes Schmatzen ausbrechen hörten. Donnerkalb, der seine Hände überall hatte, war oben in einem Loch des schrägen Daches auf einen Spatz gestoßen und hatte ihn in seine großen Hände genommen, und während er ihm schmeichelnd zuredete und so gerührt tat, machte er hinterlistig einen großen Schritt und ließ den Spatz im Bett der Mädchen los.

Der Spatz flatterte und die Mädchen schrien in Todesangst auf. Plötzlich fühlten sie etwas aufs Bett springen; das war die Katze, die lebendig geworden und in der Dunkelheit aufs Bett gesprungen war, und nun kam es im Bett zur Spatzenjagd! Die Mädchen kreischten und fielen fast in Ohnmacht, lebten wieder auf und lachten. Der Spatz surrte wie eine Spindel von einem Winkel des grabesdunklen Alkovenbettes zum andern, und die Katze hinterdrein von einer Bettwand zur andern, alle zehn Krallen ausstreckend! Endlich fingen die Mädchen die Katze und erwürgten sie beinahe vor Ausgelassenheit.

Donnerkalb hatte sich inzwischen wieder verkrochen und dachte an seine Jugend zurück, worüber er alles und alle ringsum vergaß.

Als die andern den Vorfall mit dem Spatz zur Genüge ausgekostet hatten, suchten sie neuen Zeitvertreib. Sie brauchten keinen besonderen Vorwand zum Lachen, denn sie hatten sich in der Lustigkeit nie geübt; sie waren dankbar für jede Äußerung der Lebensfreude, die sie sich glücklich verschafft hatten, mochte sie noch so derb oder banal sein. Einer der Söhne hatte den Einfall, wie ein Verrückter zu johlen und zu pfeifen und fand darin einen ungeahnten tiefen Genuß; vielleicht lag es daran, daß er sich so zu benehmen vermochte, ohne in Wirklichkeit übergeschnappt zu sein. Der Jüngste bewies ebensolche Erfindungsgabe, indem er den Invaliden spielte; mit einer Schnur band er sich das Bein auf und humpelte in der Dunkelheit herum, ganz still und eins mit dem Glück, das er dabei empfand. Der Hinterhofbauer erzählte großartige Geschichten von Betrügereien beim Viehhandel, die keine Seele anhörte, die ihm selbst aber bis ins Mark wohltaten. Sein Leben lang war es sein größtes Vergnügen gewesen, alle diese lichtscheuen Taten zu verschweigen und sie für sich zu behalten; jetzt aber fühlte er zum erstenmal, wie süß es war, sein allerdunkelstes und garstiges Inneres zu eröffnen. Die einzige, die an der Orgie nicht teilnahm, war die Bäuerin, denn es ist sowohl über als auch unter der Würde einer Hausmutter, sich in Familienstimmungen zu mischen. Aber sie merkte sich das eine und das andere, sie wunderte sich. Eine solche Nacht hatte sie noch nie erlebt. Sie kannte ihren Mann nicht wieder und verstand ihre Kinder nicht; sie ließen sich alle gehen. Nie hatte sie gehört, daß die Menschen sich belustigen sollten. Hier aber gaben sie sich einfach dem Vergnügen hin, und es war klar, daß sie es als Glückseligkeit empfanden. Nicht etwa, daß es ihnen gut anstand, denn sie hatten es ja noch nie versucht, und darum schossen sie übers Ziel hinaus und hüpften verkehrt umher wie eckige Bälle. Die Bäuerin freute sich nicht. Sie ahnte, daß ihre Macht auf dem Spiele stand. Man mußte ja schweigen und aus dem Schimpflichen die Lehre ziehen, um dann im Alltag nach und nach wieder die Oberhand zu gewinnen. Sie sah voraus, daß sie in zukünftigen Nächten hier viel weinen würde, ehe sie den Hinterhofbauer vom Gipfel seiner Sorglosigkeit heruntergeholt hatte.

Aber vorläufig dachte niemand an die Stille. Das Haus war im siebenten Himmel.

Sie lachten und durchtollten die ganze übrige Nacht. Die Leute vom Hinterhof begannen das neue Jahr mit dem Lebensmut einer anderen Welt und mit einer aufgesparten Riesenkraft, die Berge versetzen konnte.

Aber sie entgingen dem Gefühl nicht, ziemlich spät aufgewacht zu sein; es schwante ihnen, daß sie hinter ihrer Zeit zurückgeblieben waren, als sie sich später am Vormittag angekleidet und auf den Weg zur Kirche gemacht hatten, ohne einen einzigen Menschen zu erblicken. Die Kirche war verschlossen und verriegelt, und das verstanden sie nicht.

Ein Bursche aus Kjeldby tauchte auf, ein beispiellos diensteifriger Mensch, der ihnen sagen konnte, daß kein Gottesdienst stattfand, alldieweil es der dritte Neujahrstag war, nicht der erste, wie sie mit Recht glaubten. Derselbe Bursche klärte sie darüber auf, daß man sich in Kjeldby sehr darüber verwundert hatte, zwei Tage lang überhaupt keinen Rauch aus dem Schornstein des Hinterhofs aufsteigen zu sehen. Er schien Lust zu haben, noch viele andere Dinge zu erläutern, aber die Hinterhofleute sagten, sie müßten nach Hause. Sie ertrugen das Gesicht des Burschen nicht, wagten es nicht, ihn anzublicken; sie verabschiedeten sich hastig und eilten sehr verstimmt heimwärts. Es mußte einem ja auch schwindlig werden, wenn man entdeckt, daß die Zeit, in der man lebt, und die man für funkelnagelneu hält, für alle andern längst vergangen ist. Jetzt war in den Hinterhofleuten kein Lachen mehr. Sie fanden es nicht höflich von dem Burschen, daß er zu lachen begann, als sie ihm den Rücken kehrten.

Zu Hause untersuchten sie die Fensterscheiben, fanden aber nichts Merkwürdiges daran, außer einigen schwachen Hefe- und Papierspuren. Am Morgen waren die Fenster durchaus klar gewesen. Die Burschen hatten nämlich das Papier in der Nacht zum dritten Neujahrstag entfernt. Es war ihnen bedenklich vorgekommen, als sich den ganzen zweiten Neujahrstag kein Lebenszeichen auf dem Hof bemerkbar gemacht hatte. Angenommen, die Leute drinnen schliefen sich tot! So waren die Burschen abends hinaufgeschlichen, um die Lage zu erforschen. Aber da hatten sie gehört, wie die Familie drinnen in der Dunkelheit jubelte und grölte, als ob sie einen großen Festschmaus hielte, und im Schutze des gewaltigen Freudenlärmes hatten sie das Papier aufgeweicht und von den Fensterscheiben gekratzt.

Die Leute vom Hinterhof zeigten sich an den übrigen Feiertagen nicht im Dorf. Sie saßen an den stillen Frostabenden daheim und hörten das schallende Gelächter von Kjeldby über den ganzen See heraufhallen.

Hans Christian Andersen

ZWÖLF MIT DER POST

Es war klirrender Frost, sternenklare Luft, windstill. «Bums!» wurde ein Topf an die Tür geworfen, «Paff!» schoß man das neue Jahr ein; es war Silvesterabend; nun schlug die Uhr zwölf.

«Trateratra!» kam die Post. Die große Postkutsche hielt draußen vor dem Stadttor, sie brachte zwölf Personen, mehr konnte sie nicht aufnehmen, alle Plätze waren besetzt.

«Hurra! Hurra!» wurde in den Häusern gesungen, wo die Leute Silvester feierten und sich gerade mit den gefüllten Gläsern erhoben hatten und auf das neue Jahr tranken.

«Gesundheit und Glück im neuen Jahr!» sagten sie. «Ein Frauchen! Viel Geld! Schluß mit allem Ärger!»

Ja, das wünschte man sich gegenseitig, und darauf wurde angestoßen, und vor dem Stadttor hielt die Post mit den fremden Gästen, den zwölf Reisenden.

Was für Personen waren das? Sie hatten Pässe und Reisegepäck mit, ja, Geschenke für dich und mich und alle Menschen in der Stadt. Wer waren die Fremden? Was wollten sie, und was brachten sie?

«Guten Morgen!» sagten sie zu der Schildwache am Tor.

«Guten Morgen», sagte die Schildwache, denn es hatte ja zwölf geschlagen.

«Ihr Name? Ihr Beruf?» fragte die Schildwache den, der zuerst ausstieg.

«Sehen Sie im Paß nach», antwortete der Mann. «Ich bin ich!» Er war denn auch ein ganzer Kerl, bekleidet mit Bärenpelz und Kufenstiefeln. «Ich bin der Mann, auf den sehr viele ihre Hoffnungen setzen. Komm morgen, dann erhältst du ein Neujahrsgeschenk! Ich werfe mit Groschen und Talern um mich, mache Geschenke, ja, ich gebe Bälle, im ganzen einunddreißig Bälle, mehr Nächte habe ich nicht zu vergeben. Meine Schiffe sind eingefroren, aber in meinem Kontor ist es warm. Ich bin Großkaufmann und heiße *Januar*. Ich habe nur Rechnungen bei mir.»

Dann kam der nächste, ein Spaßmacher, er war Direktor der Lustspiele, der Maskeraden und aller Vergnügungen, die es gibt. Sein Gepäck bestand aus einem großen Faß.

«Aus dem Faß wollen wir in der Fastnachtszeit mehr als einen Kater holen», sagte er. «Ich will andere und mich selbst belustigen, denn ich habe von allen in der Familie die kürzeste Lebensdauer; ich werde nur achtundzwanzig! Ja, vielleicht schaltet man mir noch einen Tag ein, aber das ist gleichviel. Hurra!»

«Sie dürfen nicht so laut schreien», sagte die Schildwache.

«Aber freilich darf ich das», sagte der Mann, «ich bin Prinz Karneval und reise unter dem Namen *Februarius.*»

Nun kam der dritte; er sah aus wie das reine Fasten, doch er trug den Kopf hoch, denn er war verwandt mit den Rittern ohne Furcht und Tadel und war Wetterprophet; aber das ist kein fettes Amt, darum lobte er die Fastenzeit. Sein Schmuck war ein Veilchensträußchen im Knopfloch, aber es waren sehr kleine Veilchen.

«*März,* vorwärts!» rief der vierte und schubste den dritten. «Vorwärts, März! Hinein in die Wachtstube, hier gibt es Punsch, ich rieche ihn!» Aber das stimmte nicht, er wollte ihn in den *April* schicken, damit begann der vierte Bursche. Er sah leichtsinnig aus; er arbeitete sicher nicht viel, sondern machte viele Feiertage. «Auf und ab mit der Laune!» sagte er. «Regen und Sonnenschein ziehen aus und ziehen ein! Ich bin auch Umzugskommissar, ich bin Leichenbitter, ich kann sowohl lachen als auch weinen. Ich habe Sommersachen im Koffer, aber es wäre töricht, sie anzuziehen. Hier bin ich! In vollem Staat gehe ich in Seidenstrümpfen und mit einem Muff.»

Jetzt stieg eine Dame aus dem Wagen.

«Fräulein *Mai*», sagte sie. Sie trug ein Sommerkleid aus buchenblattgrüner Seide und hatte Anemonen im Haar, und sie duftete derartig nach Waldmeister, daß die Schildwache niesen mußte. «Gott segne Sie!» sagte sie, das war ihr Gruß. Sie war niedlich! Und Sängerin war sie, nicht im Theater, sondern im Wald, nicht in Zelten, nein, in den frischen grünen Wald ging sie und sang zu ihrem eigenen Vergnügen; sie hatte in ihrem Nähbeutel Christian Winthers «Holzschnitte», denn sie sind wie der Buchenwald selbst, und «Kleine Verse von Richardt», die wie Waldmeister sind.

«Jetzt kommt die Frau, die junge Frau!» wurde im Wagen gerufen, und da kam die Frau, jung und fein, stolz und lieblich. Man sah sofort, daß sie dazu geboren war, den Tag der Siebenschläfer einzuhalten. Am längsten Tag des Jahres gab sie Gesellschaft, damit man Zeit hatte, die vielen Gerichte zu verspeisen; sie konnte es sich zwar leisten, im eigenen Wagen zu fahren, aber sie kam doch lieber mit der Post wie die andern, um zu beweisen, daß sie nicht hochmütig war; allein reiste sie auch nicht, ihr jüngerer Bruder *Julius* begleitete sie.

Er war wohlgenährt, sommerlich gekleidet und trug einen Panamahut. Er hatte nur ganz wenig Gepäck, das war zu beschwerlich in der Hitze. Er hatte bloß Badekappe und Schwimmhose; das ist nicht viel.

Nun kam die Mutter, Madame *August,* Obsthändlerin tonnenweise, Eigentümerin vieler Fischbehälter, Landwirtin in großer Krinoline; sie war dick und erhitzt, beteiligte sich an allem, ging selbst mit dem Bierkrug zu den Arbeitern aufs Feld hinaus. «Im Schweiße seines Angesichts soll man sein Brot essen», sagte sie, «das steht in der Bibel; danach kann man Erntefeste feiern!» Sie war Frau und Mutter.

Danach stieg wieder ein Mann aus, von Beruf Maler, ein Meister der Farbe, das bekam der Wald zu wissen; das Laub mußte die Farbe wechseln, aber schön, wenn er es so haben wollte; rot, gelb und braun sah der Wald bald aus. Der Meister pfiff wie der Star, war ein flinker Arbeiter und hängte die braungrüne Hopfenranke um seinen Bierkrug, das schmückte, und für Schmuck hatte er offene Augen. Hier stand er nun mit seinem Farbentopf, das war sein ganzes Gepäck.

Hierauf folgte der Gutsbesitzer, der an den Saatmonat dachte, ans Pflügen und an die Behandlung des Bodens, ja, auch ein wenig ans Jagdvergnügen; er hatte Hund und Gewehr, er hatte Nüsse in der Tasche, knickknack! Schrecklich viel Gepäck führte er mit, sogar einen englischen Pflug; er sprach von der Landwirtschaft, aber vor Husten und Keuchen konnte man nicht viel verstehen, hinter ihm kam nämlich *November*.

Er hatte Schnupfen, heftigen Schnupfen, so daß er ein Laken und kein Taschentuch benützte. Dennoch müsse er die Mägde zum neuen Dienst begleiten, sagte er, aber die Erkältung würde wohl vergehen, wenn das Holzhacken anfinge, und das wollte er tun, denn er war Sägemeister der Holzfäller. Die Abende verbrachte er mit dem Schnitzen von Schneeschuhen; er wußte, daß man dieses vergnügliche Schuhwerk in wenigen Wochen brauchen würde.

Nun kam als letzte das alte Mütterchen mit dem Kohlenbrenner; sie fror, aber ihre Augen strahlten wie zwei klare Sterne. Sie trug einen Blumentopf mit einem Tannenbäumchen. «Das will ich hegen und pflegen, damit es bis Weihnachten groß wird, vom Fußboden bis zur Decke soll der Baum reichen mit brennenden Kerzen, vergoldeten Nüssen und ausgeschnittenen Figuren. Der Kohlenbrenner wärmt wie ein Kachelofen, ich nehme das Märchenbuch aus der Tasche und lese vor, so daß alle Kinder im Zimmer still werden, doch die Püppchen am Baum werden lebendig, und der kleine Wachsengel zuoberst an der Spitze schüttelt die Flittergoldflügel, fliegt von der grünen Spitze und küßt klein und groß im Zimmer, ja, auch die armen Kinder, die draußen stehen und Weihnachtslieder vom Stern über Bethlehem singen.»

«Und jetzt kann die Kutsche abfahren», sagte die Schildwache. «Nun haben wir das Dutzend. Laßt einen neuen Reisewagen kommen!»

«Zuerst sollen die Zwölf eintreten!» sagte der Hauptmann, der Wache hatte. «Einer nach dem andern! Die Pässe behalte ich; sie gelten für jeden einen Monat lang. Wenn der Monat um ist, werde ich jedem darauf bescheinigen, wie er sich benommen hat. Bitte sehr, Herr Januar, kommen Sie herein.»

Und so ging er hinein.

—Wenn ein Jahr um ist, werde ich dir sagen, was die Zwölf dir, mir und uns allen gebracht haben. Noch weiß ich es nicht, und sie wissen es wohl selbst nicht, denn wir leben in einer wunderlichen Zeit.

Quellenhinweis

Der Abdruck der beiden Erzählungen von Selma Lagerlöf aus den »Christuslegenden« »Die Heilige Nacht« und »Flucht aus Ägypten« erfolgte mit freundlicher Genehmigung der Nymphenburger Verlagshandlung in München. Die Übersetzung wurde von Marie Franzos vorgenommen. Von Edzard Schaper stammt die Übersetzung von Frans Eemil Sillanpää »Am Weihnachtsabend«. Alle übrigen Texte wurden von Ursula von Wiese übertragen.